TOP 10 全球魅力城市旅游丛书

曼 谷

(英)荣·埃蒙斯 著

朱亚男 译

 旅游教育出版社

·北京·

玛哈泰寺

东方文华水疗中心

浮屠沙旺佛堂壁画

DK
A Dorling Kindersley Book
www.dk.com

Original Title：TOP 10：BANGKOK
Copyright © 2008 Dorling Kindersley
Limited，London

TOP 10 全球魅力城市旅游丛书

曼谷

（英）荣·埃蒙斯 著

朱亚男 译

策划编辑：李荣强
责任编辑：李荣强

项目策划：北京时尚博闻图书有限公司

出版单位：旅游教育出版社
地　址：北京市朝阳区定福庄南里1号
邮　编：100024
发行电话：（010）65778403 65728372
　　　　　65767462（传真）
本社网址：www.tepcb.com
E-mail：tepfx@163.com
印刷单位：中华商务联合印刷有限公司
经销单位：新华书店
开　本：648mm×800mm 1/32
印　张：3.75
字　数：197千字
版　次：2010年1月第1版
印　次：2010年1月第1次印刷
印　数：10000册
定　价：22.00元

（图书如有装订差错请与发行部联系）

北京市版权局著作权合同登记图字：01-2009-5585

目录

曼谷十佳

曼谷重点游	6
大王宫和玉佛寺	8
国家博物馆	12
卧佛寺	14
曼谷的河道	16
律实公园	18
丹嫩沙多水上市场	20
恰都恰周末市场	22
吉姆·汤普森故居	24
黎明寺	26
阿育塔雅	28
十大历史瞬间	34
十大博物馆和艺术画廊	36
十大购物场所	38
十大餐厅	40
十大酒吧、俱乐部	42

图书在版编目（CIP）数据

曼谷／（英）埃蒙斯著；朱亚男译．—北京：旅游教育出版社，2010.1
（TOP 10 全球魅力城市旅游丛书）
ISBN 978-7-5637-1882-5

Ⅰ．曼…　Ⅱ．①埃…②朱…　Ⅲ．旅游指南—曼谷　Ⅳ．K933.69

中国版本图书馆CIP数据核字（2009）第182972号

封面封底图片：Front　Corbis: William Manning clb; Getty Images: Photographer's Choice / Gavin Hellier main.
Back　DK Images: Stuart Isett ca, cla; Hemispheres Images: Bertrand Gardel cra. Spine: DK Images: Stuart Isett b.

恰都恰周末市场的手工艺品

梦幻世界

黑天鹅酒吧

十大娱乐场所	44
十大儿童乐园	46
十大节日	48
十大曼谷周边海滩	52
十大体育休闲项目	54
十大健康水疗	56
十大佛寺	58

分区逍遥游

老城区	62
中国城	72
市中心	78
大曼谷区	88
曼谷周边	96

资讯一点通

实用信息	102
住宿信息	111

致谢 118

通克市场　　　　　玉佛寺

曼谷十佳

曼谷重点游
6~7

大王宫和玉佛寺
8~11

国家博物馆
12~13

卧佛寺
14~15

曼谷的河道
16~17

律实公园
18~19

丹嫩沙多水上市场
20~21

恰都恰周末市场
22~23

吉姆·汤普森故居
24~25

黎明寺
26~27

阿育塔雅
28~31

前十名排行榜
34~59

曼谷重点游

曼谷是亚洲的一座魅力之都，人们微笑洋溢，笃信佛教，静谧与热情相融合，令人迷醉。这里佛寺辉煌，博物馆林立，艺术精品夺目，运河风光无限，水上市场独具特色，居民天性好客。千万别错过购物讲价之乐，品尝泰国美食，体验撩人多彩的夜生活。

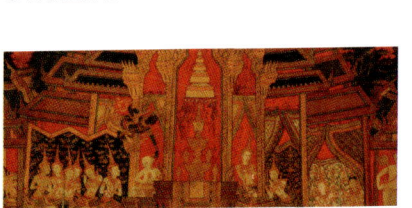

1 大王宫和玉佛寺（Grand Palace and Wat Phra Kaeo）
这座建筑群是泰国宗教艺术与建筑完美融合的典范，令人叹为观止，不容错过。（见8~11页）

2 国家博物馆（National Museum）
亚洲最大的博物馆之一，馆内陈列着价值连城的精美艺术品，件件承载着泰国漫长而丰富的历史。（见12~13页）

3 卧佛寺（Wat Pho）
曼谷最古老，也是规模最大的一座寺院。曾经是大众教育中心，有一尊巨型卧佛，还有一所泰式按摩学校。（见14~15页）

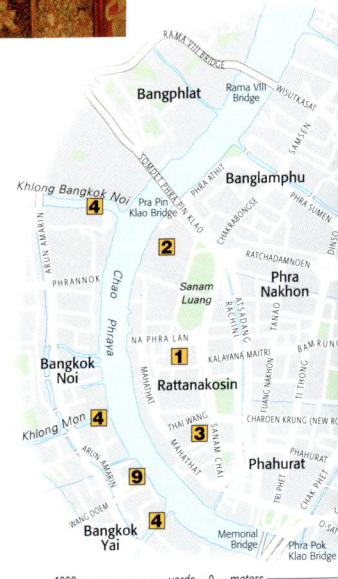

4 曼谷的河道（Bangkok's Canals）
昔日，船只曾经是曼谷的主要交通工具。游览昭披耶河，感受日渐消失的水上生活方式。（见16~17页）

5 律实公园（Dusit Park）
这里远离曼谷城区的喧嚣，布满王室宅第、政府部门，漫步其中，尽享静谧，也是了解泰国君主政权的好去处。（见18~19页）

前两页图片：玉佛寺先王殿支撑佛塔的魔像

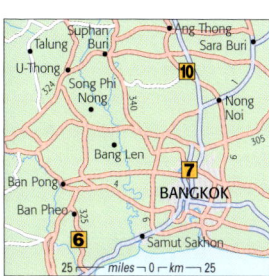

⑥ 丹嫩沙多水上市场 (Damnoen Saduak Floating Market)

这里专为观光客所设,色彩纷呈,气味芬芳,小贩云集,叫卖声此起彼伏,让你不虚此行。(见20~21页)

⑦ 恰都恰周末市场 (Chatuchak Weekend Market)

曼谷最大的市场,绝不能错过。这里摊位密集,犹如迷宫,不仅能挑选到独具特色的纪念品,还能感受到浓郁的泰国文化。(见22~23页)

⑧ 吉姆·汤普森故居 (Jim Thompson's House)

泰国丝绸大王吉姆·汤普森故居用柚木搭建,堪称泰国传统建筑的典范。居室布局摆设与吉姆·汤普森生前一模一样,故居中还陈列着他收藏的艺术品。(见24~25页)

⑩ 阿育塔雅 Ayutthaya)

一天之内便可游遍阿育塔雅古城。城内大佛塔基本已经损毁,佛像表情安详,来到这里依然可以感受昔日故都的风貌。(见28~31页)

⑨ 黎明寺 (Wat Arun)

黎明寺承载着曼谷的历史变迁,是观光客的热门景点。寺内五座方塔独具特色,成为曼谷的标志。(见26~27页)

TOP 10 大王宫和玉佛寺

拉玛一世（1782—1809年在位）于1782年定都曼谷，兴建玉佛寺，收藏稀世玉佛；1784年，兴建大王宫，并居于此内。20世纪初，国王搬至新宫居住，大王宫成为景点，向游客展示瑰丽的泰国建筑艺术。

阿玛林宫

穿着必须合宜。不要穿拖鞋、短裤、无袖露肩衬衣。

最好上午去参观，避开午后高温。可戴帽、撑伞防晒。寺院长廊内会比较凉爽。

持票（一周内）免费参观柚木行宫（Vimanmek Palace）。（见18页）

带足饮用水。游览结束，在律实宫（Dusit Throne Hall）旁边才有咖啡厅。

· 地址：那披兰路（Na Phra Lan Road）
· 地图B4
· 电话：（02）623 5500
· 乘车路线：空调巴士 503, 508, 512
· 开放时间：8:30am-3:30pm（每日）
· 门票价格：250铢

十大景观

1. 玉佛寺
2. 思瓦莱花园
3. 阿玛林宫
4. 费善宫
5. 查克拉法宫
6. 内宫
7. 节基宫
8. 阿枫菲茂亭
9. 律实宫
10. 玉佛寺博物馆

1 玉佛寺（Wat Phra Kaeo）

玉佛寺附属于大王宫，是王室举行佛教仪式的场所。整座建筑群富丽璀璨（见右图），佛塔高耸挺拔，装饰流光溢彩，矗立寺各门口的巨型动物塑像令人生畏，所有这些都让初次前来的游客过目不忘。玉佛寺是泰国所有寺庙中最崇高的代表，也是泰国唯一没有和尚居住的佛寺。（见10~11页）

2 思瓦莱花园(Siwalai Gardens)

花园保存完好，景色如画（见下图），曾经是举行宴会的场所。园内有两座建筑。一座名为新古典波菲玛（Neo-Classical Boromphiman Mansion），由拉玛五世为其王太子（后为拉玛六世）建造，现在来访贵宾在此下榻。另一座名为拉塔纳萨坛（Phra Buddha Ratana Sathan），由拉玛四世建造，是其举行佛教仪式之地。（见34页）

3 阿玛林宫（Amarin Winichai Hall）

大王宫建筑群中第一批竣工的宫殿之一，原为外国宾客觐见的场所。宫殿内壁画色彩纷呈，拉玛一世的宝座外形如船，顶部有白色九重华盖。如今，阿玛林宫是举行国事庆典的场所，每周末向公众开放。

8

4 费善宫（Phaisan Thaksin Hall）

费善宫（见左图）是举行加冕典礼的地方，不对外开放。内有加冕椅和守护神暹罗特瓦沙（Phra Siam Thewathirat）。

入口

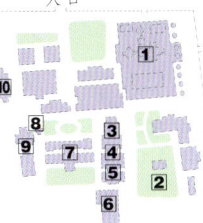

9 律实宫（Dusit Throne Hall）

整座建筑（见下图）辉煌夺目。宫顶分为四层；拉玛一世的柚木御座安放于此。

10 玉佛寺博物馆（Wat Phra Kaeo Museum）

博物馆陈列着修复宫殿时发现的大批珍宝，其中包括翡翠玉佛的件件华贵长袍。

5 查克拉法宫（Chakraphat Phiman Hall）

查克利王朝前三位国王的居所（见34页），不对外开放。有一间卧室，一间会客室，收藏国王的华服等物件。

6 内宫（InnerPalace）

一直到拉玛七世（1925—1935年在位）时期，只有女人居住在内宫。除国王外，其他男人不得进入。现为一所女校，不对外开放，出身显赫的女孩在此就读。

8 阿枫菲茂亭（Aphonphimok Pavilion）

拉玛四世建造，小巧精致，位于律实宫旁边，原用于接见宾客前更衣。

游览提示

游客从那披兰路的大门进入，穿着不合格要在门口租衣更换。售票处有"录音讲解"出租，也可雇导游讲解景点。游客通常围绕大佛寺顺时针游览，然后参观大王宫。参观所有景点至少需要步行两小时。

7 节基宫（Chakri Maha Prasat）

节基宫（见右图）位于大王宫正中央。1882年，由拉玛五世建造，融合了西方建筑风格与泰国建筑风格。查克利国王的骨灰安置在这里。

拉玛坚壁画

先王殿

仿吴哥窟佛塔

玉佛寺

1 拉玛坚壁画（Ramakien Murals）
环绕佛寺走廊，长1000米，共178幅，描绘了印度史诗《罗摩衍那》（Ramayana）的故事，生动艳丽。

2 尖顶佛塔（Phra Si Rattana Chedi）
佛塔呈圆锥形，饰以金色瓷砖，灿烂闪耀，具有浓郁的斯里兰卡风格，是玉佛寺最值得拍照留念的建筑之一。佛塔坐落于台基之上，巍峨宏伟，旁边就是藏经阁。

3 藏经阁（Phra Mondop）
藏经阁挺拔高耸，与尖顶佛塔高度不相上下，珍藏着早期佛经。每个角落都有一尊坐姿石佛，在墨绿色瓷砖映衬下，别具特色。

4 先王殿（Royal Pantheon）
殿堂建造在台基之上，珍藏着查克利王朝（见34页）历代统治者的塑像，大小与真人相当。

5 仿吴哥窟佛塔（Model of Angkor Wat）
佛塔位于藏经阁后面，由拉玛四世（见34页）下令修建，当时泰国还统治着柬埔寨。

6 佛殿（Wihan Yot）
人们也称之为"瓷堂"，位于北侧台基中部，供奉着许多佛像。这里是佛教徒膜拜祈祷之地，肃穆庄严。

佛殿

7 骨灰堂和藏经楼（Hor Phra Nak and Ho Phra Monthien Tham）
骨灰堂也就是皇家陵墓，位于北侧台基上，玉佛殿旁，里面摆放着已逝皇族成员的骨灰。藏经楼，即图书馆，门上镶嵌着珍珠母，别具一格。

8 玉佛殿（The Bot）
参观玉佛寺必来玉佛殿，殿内供奉着备受尊崇的翡翠玉佛。墙壁饰以壁画，神坛装饰精致，香烟缭绕，泰国人视玉佛像为国家守护神。

金光璀璨的尖顶佛塔

先王殿只在每年的查克利王朝纪念日（4月6日）向公众开放

9 翡翠玉佛（The Emerald Buddha）

玉佛高66厘米，由翡翠玉石雕成，是泰国最重要的"国宝"级佛像。玉佛在斯里兰卡雕刻而成，几经辗转于清莱（Chiang Rai）、南邦（Lampang）、老挝（Laos），最后，拉玛一世（1782—1809年在位）将其运到曼谷。

甘达哈拉佛堂

10 甘达哈拉佛堂（Chapel of Gandahara Buddha）

位于玉佛寺东南角，小巧玲珑，门饰艳丽。通常大门紧锁，内有一尊佛像，用于举行"皇家耕种大典"（见48页）时祈雨。

泰国十大神话动物

1. 那迦（Naga）——蛇形佛陀保护神
2. 兴伽（Singha）——狮形寺院守护神
3. 崖克煞（Yaksha）——巨兽
4. 伽鲁达（Garuda）——男人鸟
5. 埃如顽（Erewan）——三头象
6. 科纳丽（Kinnari）——女人鸟
7. 阿庞思（Aponsi）——女人狮
8. 弘萨（Hongsa）——天鹅人
9. 玛卡拉（Makara）——鳄象蛇
10. 芒姆（Mom）——龙形寺院守护神

泰国寺院的神话动物

泰国寺院殿堂里的佛像形态各异、精雕细琢。去所有寺院参观佛像之前，包括玉佛寺，要经过各种神话动物塑像。它们是佛寺的守护神，身披盔甲，气势汹汹；大多数来自于久负盛名的喜马蕃森林（Himaphan），一类似喜马拉雅山、香格里拉的佛教圣地。比如：狮兴迦，坐在门柱之上；巨兽崖克煞，面色艳亮，一脸怪相，立在大门上。通往佛堂的台阶两侧有多头蛇那迦，根据传说，它一默念咒语，就可以保护佛陀免受暴风雨。有些寺院的栏杆上有水栖鳄象蛇玛卡拉，是降水的象征，能够吞食蛇那迦。天鹅人弘萨栖息在寺院屋顶。女人鸟科纳丽落在壁龛里或者寺院房檐上。

玉佛寺佛堂装饰巧夺天工

TOP 10 国家博物馆

泰国最大的博物馆，详尽地讲述了泰国历史。浮屠沙旺佛堂为国之瑰宝，藏有普拉锡盈佛像。馆中重要展品还有保存良好的达瓦剌瓦蒂法轮和斯芮瓦迦雅（Srivajaya）残损塑像，以及澜克罕航（Ramkhamhaeng）石碑。

两轮马车局部，皇家葬礼轮车陈列馆

可参加每周三、四上午9:30的免费讲解游览，加深对博物馆的进一步了解。

博物馆占地面积较大，不过在展馆之间的阴凉处设有坐椅，可稍作歇息。

入口处有个商亭，卖冷饮、冰激凌、零食。

- 地址：那披泰路（Na Phra That Road）
- 地图：B3
- 电话：（02）224 1333
- 乘车路线：巴士508、511、512
- 开放时间：9am – 4pm（周三～周日）
- 门票价格：40铢
- www.thailandmuseum.com

十大景观
1. 浮屠沙旺佛堂
2. 普拉锡盈佛像
3. 达瓦剌瓦蒂法轮
4. 泰国历史馆
5. 拉那艺术
6. 素可泰艺术
7. 红房子
8. 皇家葬礼轮车陈列馆
9. 拉塔纳克辛艺术
10. 阿育塔雅艺术

1 浮屠沙旺佛堂（Buddhaisawan Chapel）
佛堂美轮美奂，1787年专为泰国第二位国王兴建，现位于国家博物馆中心地带。这里庄严而肃穆，壁画富丽，地面光洁，佛像金光灿灿（见上图）。

2 普拉锡盈佛像（Phra Sihing Buddha）
据说有三尊类似的佛像，而这一尊摆放在浮屠沙旺佛堂（见上图）里，小巧精致，具有明显的素可泰风格；置于底座上，金光闪闪。

3 达瓦剌瓦蒂法轮（Dvaravati Wheel of Law）
达瓦剌瓦蒂艺术的鼎盛时期从6世纪一直延续到9世纪，这尊8世纪的石轮置于一只鹿上（见下图），堪称典范。法轮位于博物馆南翼二层，描绘了佛陀在印度萨纳斯（Sarnath, India）第一次讲经的情景。

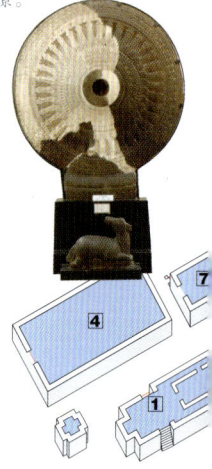

4 泰国历史馆（Gallery of Thai History）
博物馆最重要的组成部分（见下图），从史前到近代，展现了泰国的历史发展脉络。馆藏有价值连城的各样珍品，比如泰国现存最早的石碑：澜克罕航石碑。

每年宋干节（见48页）期间，普拉锡盈佛像环绕皇家田广场展示

素可泰艺术

6 人们普遍认为素可泰艺术是泰国艺术成就的顶峰，下图显示的馆内行走佛像（见下图）和坐佛像恰恰支持了这种观点。

拉那艺术

5 博物馆陈列着拉那时期，完成于13世纪到16世纪的一些小佛像。（见上图）

红房子

7 阿育塔雅风格的柚木建筑典范。（见上图）当初，拉玛一世（1782—1809年在位）的姐姐，斯芮素妍（Sri Suriyen）居住于此。屋顶为多层，饰以精雕细刻；房间里陈设着古典皇家家具。

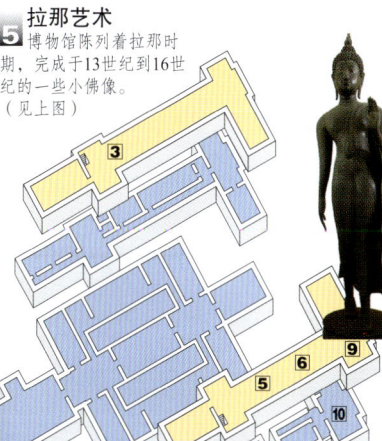

皇家葬礼轮车陈列馆

8 轮车装饰繁复精细，不禁让人联想到皇家葬礼场面的宏大壮丽。每辆轮车用柚木制成，镀上金，重达几吨，需百名男子拉行。

拉塔纳克辛艺术

9 拉塔纳克辛时期始于18世纪。这一时期的艺术受到西方艺术的影响，将其与泰国艺术融合。博物馆北翼的最后一个展馆陈列着拉塔纳克辛经典的绘画作品和家具。（见下图）

图例

- 一层
- 二层

阿育塔雅艺术

10 阿育塔雅馆以阿育塔雅鼎盛时期的风情为装饰，陈列着面容安详、巨大的佛陀头像，以及藏经阁。（见上图）

国家博物馆的由来

国家博物馆曾经是泰国次王（摄政王的一种，译者注）的宫殿。1782年，为庆祝拉玛一世取得胜利而建造。100多年之后，即1887年，拉玛五世决定废除次王，将次王宫殿改为国家第一座博物馆，这样，人们才得以欣赏瑰丽多姿的文化遗产。

登录 traveldk.com 报名收取DK的电子简报

TOP 10 卧佛寺

是曼谷历史最悠久、规模最大的一座寺院，内有一尊泰国最大的卧佛。卧佛寺始建于16世纪，拉玛一世（1782—1809年在位）对其进行了修复重建。如今，这里成为泰国典型的寺院，有僧房、有学校，还有按摩馆，让人备感闲适。寺院内佛像多姿多彩；佛塔镶嵌着彩色瓷砖，熠熠生辉。

卧佛寺大佛塔

位于微缩山上的修道士雕像

十大景观

1. 卧佛
2. 卧佛大足
3. 泰国古式按摩
4. 医药亭
5. 正殿
6. 微缩山
7. 和尚及僧房
8. 学童和教室
9. 大佛塔
10. 法让侍卫

⊙ 大多数游客会从卧佛寺旁的塔浓泰旺（Thanon Thai Wang）进入寺院。其实，由北入口咸图蓬（Soi Chetuphon）进入，可以先享受寺院相对恬静安适的气氛，最后到达最受欢迎的重要景点。

⊙ 寺院西侧散落着几家食品店，包括卢阿禄（Rub Aroon），可以买到果汁、咖啡。

·地址：咸图蓬巷（Soi Chetuphon）
·地图：B5
·电话：（02）2259595
·乘车路线：空调巴士503、508、512
·开放时间：8am-6pm（每日）
·门票价格：50铢
·www.watpho.com
·开放时间：3:30pm（每日）
·门票价格：250铢

卧佛

卧佛位于寺院西北角，长46米，高15米，用砖石砌成，贴上金箔；几乎占满整个佛堂。卧佛面容安详，脚掌用珍珠母镶嵌；游客从卧佛面部开始参观。

卧佛大足

卧佛的脚掌用珍珠母镶嵌出108位佛陀的吉祥图案，闪闪发光，非常精致，为艺术瑰宝（见下图）。

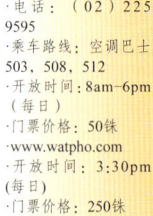

泰国古式按摩

卧佛寺是泰国医学中心，从20世纪60年代起，设立了泰国最好的按摩学校。经过专业训练的按摩师随时都能为游客解除疲劳和疼痛。学校还提供10天至15天的按摩培训课程，用泰语和英语授课。

5 正殿（The Bot）

卧佛寺最宏大的建筑，殿内供奉着一尊冥想青铜佛像（见下图），佛座下安放着拉玛一世的灵骨。

4 医药亭（Medicine Pavilion）

位于佛寺正中，石碑（见上图）描绘了泰国古式按摩涉及的身体穴位。

6 微缩山（Miniature Mountains）

寺院内散落着几座人工小山，分布着修道士雕像，姿态各异，均是缓解身体不适的姿势。

7 和尚及僧房（Monks and Guti）

走出安放卧佛的殿堂，游客或许会遇到在寺院工作的和尚。他们就居住在寺院南侧的僧房（狭小而简朴的房间）。

8 学童和教室（Schoolkids and Classrooms）

与其他寺院一样，卧佛寺附有一所学校。课间休息时，寺院回荡着孩子们嬉戏的欢闹声。有些孩子还会和游客说上几句英语。

10 法让侍卫（Farang Guards）

巨型石制漫画雕像，法让是西方人，头戴高顶大礼帽（见右图），为佛寺增添了一抹滑稽色彩。这些侍卫立于通往内院的道路旁，是当初从中国返航商船的压舱之物。

9 大佛塔（Great Chedi）

寺院内佛塔林立，计百座（见上图），最突出的四座大佛塔位于西庭，以示对查克利王朝（见34页）前四位国王的尊崇。大佛塔镶满彩色瓷砖，颇为壮丽。

卧佛

对佛教不熟悉的人会认为卧佛是在放松甚至熟睡，但是这种观点与事实相去甚远。立佛、坐佛和行走佛反映了佛陀寻求大悟的不同方式，卧佛象征着佛陀已经超脱、大彻大悟，与放松、熟睡毫不相干。

如今，医药亭已经成为向游客售卖纪念品的商店

曼谷的河道

19世纪，曼谷水上交通发达，有"东方威尼斯"的美誉。如今，昭披耶河以东的河道已经填平修建了街道。昭披耶河以西的河道依然保存如初，纵横交织，通往乡下。游客不仅可以感受水上人家的传统生活，还可以参观河道沿途的黎明寺和皇家御舟博物馆。

泰国传统民居

在河道上游览，既可以在沿岸渡口租用长尾船（每小时为400～500铢），也可以跟团乘坐大型游舫，还可以搭乘公交船前往暖武里（Nonthaburi）（见17页右下详释）。

团队游览通常会为游客提供茶点，或者中途稍作停留，让游客购买水上小贩的饮品小吃。

昭披耶河：地图B5
曼谷莲运河：地图A2
曼谷艾运河：地图B6
蒙河：地图A5

十大景观

1. 昭披耶河——国王之水
2. 船只
3. 皇家御舟博物馆
4. 黎明寺
5. 泰国传统民居
6. 河道沿岸风情
7. 水上小贩
8. 曼谷艾运河
9. 曼谷莲运河
10. 蒙河

1 昭披耶河（Chao Phraya）——国王之水

没有昭披耶河，就没有曼谷城。昭披耶河，得名于查克利王朝的创建者昭披耶查克利。河水是一道民族生命线，也是大小船只的一条水上通道。

3 皇家御舟博物馆（Royal Barge Museum）

博物馆（见89页）陈列着装饰华丽、手工精细的皇家御舟（见下图），每艘长约50米。展品还包括御用橹夫所穿长袍、御舟的巡游使用情况。

2 船只

河面上舟楫穿梭不息，蔚为壮观，坐在河畔咖啡馆，领略这一切，颇有趣味。大型游轮突突作响，顺流而下；小渡轮在河岸间嗖嗖急速穿行（见上图）；长尾船轰鸣而过，船篷鲜艳夺目。

4 黎明寺（Wat Arun）

又称郑王庙，1768年，由泰王塔克辛下令建造（见左图）。寺内有五座佛塔，别具特色；塔壁都镶嵌着色彩斑斓的瓷片（见26~27页）。

5 泰国传统民居

依次排列在昭披耶河的河道两岸。民居搭建在木桩之上，以避洪水；斜墙陡顶，以利通风。

6 河道沿岸风情

河道观光，游客还有机会一览沿岸居民煮饭做菜、闲谈聊天、儿童戏水的风情。

7 水上小贩

如今，道地的水上小贩很难见到，不过有当地人划船兜售冷饮、草帽、明信片，游船也会安排停靠，小贩笑容灿烂，游客尽可拍照。

9 曼谷莲运河（Khlong Bangkok Noi）

虽然现在被称为运河，昔日这里却是昭披耶河的主要水上通道。皇家御舟博物馆位于莲运河的入口附近，不远处便是苏湾那蓝寺（Wat Suwannaram），寺内壁画富丽多姿。

8 曼谷艾运河（Khlong Bangkok Yai）

河岸寺院众多，卡拉亚那弥寺（Wat Kalayanamit）供奉着一尊巨大佛像；帕南寺（Wat Pak Nam）以其护身符而闻名。游船多选择此河道，并且在蛇园、道卡浓运河（Khlong Dao Khanong）的水上市场停靠。

10 蒙河（Khlong Mon）

昭披耶河支流（见右图），位于郑王庙以北，通向兰花种植园。游客会在种植园上景观赏，然后继续游览蒙河风光。

乘坐昭披耶快线

昭披耶快线为水上公共交通方式，是游览曼谷河道花钱最少的选择，往返于中央码头（Sathorn Pier，见地图M6）和披阿堤码头（Phra Athit Pier，见地图B2）。全程约75分钟，途经历史名胜景点，如：圣克鲁斯教堂（见92页）、黎明寺、玉佛寺（见8~11页）、拉康寺（见92页）。

曼谷十佳

登录traveldk.com分享游览感受

TOP 10 律实公园

律实公园也被称为新皇城（New Royal City），是皇室住所和办公地；拉玛五世（1868—1910年在位）曾游历欧洲，对欧洲各王室公园、建筑情有独钟，遂下令建造此园。园内绿草如茵，树木葱郁，美景应接不暇，漫步其中，十分惬意。

律实公园服饰、丝织品馆

🔸 柚木行宫入口处有一家咖啡店卖饮料、零食。不过参观公园所有景点会口渴，所以自带饮用水比较好。

- 地图：E1
- 电话：(02) 628 6300
- 乘车路线：巴士510、70
- 开放时间：9:30am–3:15pm（每日）
- 门票价格：100铢（含所有馆、厅）；持大王宫门票免费参观；每半小时有导游引领参观
- www.palaces.thai.net
- 资助厅开放时间：9:30am–4pm（每日）
- 皇家大象馆开放时间：9am–4pm（每日）
- 皇家马车馆开放时间：9am–4pm（每日）
- 照片陈列馆开放时间：9:30am–4pm（每日）
- 服饰、丝织品馆开放时间：9:30am–4pm（每日）

十大景观
1. 柚木行宫
2. 皇家广场
3. 君王厅
4. 杜喜宫/资助厅
5. 照片陈列馆
6. 皇家大象馆
7. 皇家马车馆
8. 古代服饰、丝织品馆
9. 湖畔亭
10. 律实动物园

1 柚木行宫（Vimanmek Palace）
可能是世界上规模最大的柚木建筑（见右图），20世纪初为拉玛五世（见34页）的行宫，收藏了大量皇家工艺品。行宫共有72个房间，游客可跟随导游参观其中的30间。

2 皇家广场（Royal Plaza）
是位于律实公园入口处的一片开阔场地，竖立着一尊公园设计者拉玛五世的骑马雕像。每年12月5日，现任国王诞辰日，在此举行盛大的阅兵仪式。

3 君王厅（Ananta Samakhom Throne Hall）
律实公园最大的一座建筑，全部用银灰色大理石建造，穹顶结构，具有浓郁的文艺复兴时期风格（见上图）。不对外开放。

4 杜喜宫/资助厅（Abhisek Dusit Throne Hall/SUPPORT Museum）
将维多利亚、伊斯兰、泰国建筑风格融为一体，别致而吸引人；入口的木质花格造型赏心悦目（见左图）。为推动传统手工艺，诗丽克星后（Queen Sirikit）创立慈善基金会，加工制作珠宝、丝织品、藤制品，这些手工艺品均收藏于本宫资助厅（SUPPORT Museum）。杜喜宫为皇家迎宾场所。

5 照片陈列馆（Photographic Museum）

拉玛九世（见本页右下详释）对摄影情有独钟，也颇有造诣，馆内陈列着他的作品。

6 皇家大象馆（Royal Elephant Museum）

大象馆（见左图）令人着迷，里面保存着皇家白象以前的圈棚、象轿、让人尊崇的象幞、驯象师的护身符等象具。馆内还陈列着皇家白象的一些照片，栩栩如生的白象模型。在泰国，白象专属国王所有。

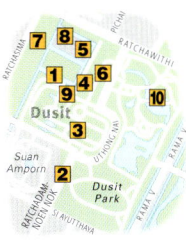

7 皇家马车馆（Royal Carriage Museum）

两座建筑共展出23辆皇家马车，均为19世纪末期建造，拉玛五世（Rama V）遇国家重大场合所使用。

8 古代服饰、丝织品馆（Ancient Cloth and Silk Museum）

馆内展示着深受拉玛五世皇室贵族青睐的织物，比如上海织锦、金锦缎、绸缎。还有一些诗丽克皇后的资助基金会所织的丝物。

10 律实动物园（Dusit Zoo）

占地19公顷，饲养了300多只哺乳动物，300多种爬虫，1000多只飞鸟，是亚洲比较好的动物园之一。这里原为拉玛五世的私人植物园，现在还培育着品种繁多的热带植物花卉。园内草坪剪裁齐整，湖水波光粼粼，林中空地静谧，真是休闲漫步的绝佳之地。一到周末，人们举家来到这里散步、野餐、划船，显得有些拥挤。（见46页）

9 湖畔亭（Lakeside Pavilion）

别致可爱，雕刻考究精细，将一湾静静的湖水尽收眼底。时常有泰国民间舞蹈在此表演。

泰国王室

拉玛九世（见35页）于1946年即位，是世界上在位时间最长的君主。他采取了许多项改革措施改善民生。一直以来，泰国国王被人民视为半个神灵，即使今天，人民对国王也是异常虔诚崇敬。

丹嫩沙多水上市场

如今，曼谷多条水道已被填平，修建了新路。然而，对于游客来讲，身着传统服装的小贩划着船在水上市场贩卖，才是最具泰国风情与当地特色的一景。每天上午，小贩和游客涌向丹嫩沙多，重演昔日水上市场喧闹的一幕。游客可以探访乡下水道，可以为五彩缤纷的小船拍照，还可以到店铺购买纪念品。

一舢板小贩生意火暴

身着传统服饰，划着舢板的小贩

十大景观

1. 舢板
2. 通克市场
3. 海奎市场
4. 昆披克市场
5. 水果
6. 跨河桥
7. 舢板小贩
8. 果园
9. 面条船
10. 纪念品

要想赶在大批旅行团抵达（通常在上午9点至10点之间）前细细品味水上市场，需要在当地客栈住上一晚，大清早乘船游览。

多数团队旅游含餐饮，不过有小贩卖食物、饮料，供散客购买。

·地址：曼谷西南100公里处
·地图：S2
·电话：（03）2241204
·乘车路线：空调巴士78（在曼谷南巴士客运站乘坐）

舢板

多数小贩都是划着舢板，这种船很简朴，两端呈方形，用桨来划，便于展示商品。游客乘坐长尾机械船在河道上穿梭，虽然噪声很大，但比较安全，而且行进速度快。

通克市场（Ton Kem Market）

丹嫩沙多水上市场由三座独立的市场构成，其中最大的一座便是位于丹嫩沙多运河的通克市场。这里备受游客和小贩青睐，河道也经常因为船只稠密而拥堵。

海奎市场（Hia Kui Market）

位于通克市场以南不远处，游客相对较少，正因为如此，给人感觉更加原汁原味（见下图）。河道两岸纪念品店一家挨着一家，一些团队游客会逗留选购。

4 昆披克市场（Khun Pitak Market）

位于海奎市场以南两公里处，一条较小的运河上，尽管是三座水上市场中客流最少的一个，每天清晨依然热闹，当地居民到这里购买早点和水果、蔬菜等鲜货。

5 水果

运河上的舢板载着从果园采摘来的新鲜水果进行销售，有柚子、香蕉、苹果、菠萝蜜（见上图）。

6 跨河桥

虽然观光客乘船游览运河风光，可以尽情拍照留影，但是登上通克市场横跨运河的小桥却能饱览水上市场如织的小贩舢板、色彩纷呈的农产品。

7 舢板小贩

舢板不遮风也不挡雨，所以大多数小贩戴着一种传统的草帽，设计精巧，而且利于通风。有相当一部分身穿泰国乡村典型的无领粗布衬衫。

8 果园

很多旅行团为了丰富水上市场的行程，会安排参观果园，看一看各种果树、成熟样果。有些果园还饲养蟒蛇，供游客挂在脖子上拍照留念，当然这里的蟒蛇不攻击伤害人。

9 面条船

厨子在小船上做出可口面条，盛到碗里，递给食客，一滴汤汁也不溅落，真是让人惊叹不已（见下图）。这种餐食备受青睐，因而有面条店也在小船上展示其货品。

10 纪念品

由于每天早上大批游客来到丹嫩沙多，自然会有很多当地人在运河沿岸摆摊售卖纪念品，像传统的草帽（见上图）、丝包、雕刻精美的肥皂，当然啦，还有五颜六色的水上市场明信片。

其他水上市场

丹嫩沙多水上市场吸引了绝大多数游客，但在曼谷市内及周边也有类似的水上市场，只不过有些每周只开放一次。比如：安帕瓦、塔卡、兰帕、冬外、塔林坎。最后两个市场位于曼谷市中心附近，专为游客设立，不过缺乏丹嫩沙多水上市场如画的景致。

TOP10 恰都恰周末市场

泰国最大的市场,每周六、日开市。估计每天约有25万人来到这座购物天堂。市场共有超过15 000个摊位,但商品分门别类进行售卖,找到所需物品十分便捷。

恰都恰周末市场销售的绿色植物

展示的娇艳热带花卉

☆ 最好清早去恰都恰,从而避开午后酷热。购物要杀价,有些小贩会把价格降一半。

虽有简便地图分发,但热衷购物的顾客应该找一份南希·钱德勒曼谷地图(Nancy Chandler's Map of Bankok),许多书店、酒店都有,上面关于恰都恰的小提示很实用。

🍴 享受冷气,品尝美味,就要去梦幻区(Dream Section),那儿有数家别致餐厅。

· 地图:T5 · 地址:泰农帕欧里庭路(Than-on Phaholyothin) · 乘车路线:轻轨莫奇站(Skytrain Mo Chit),地铁恰都恰公园站(Chatuchak Park)或坎蓬披坡(Kampaeng Phet)· 开放时间:9am-6pm(周六、周日)3:30pm(每日)· 门票价格:250铢

十大景观

1. 古董
2. 工艺品
3. 服装、饰物
4. 家居饰物
5. 图书
6. 餐饮
7. 中心钟塔
8. 恰都恰公园
9. 植物
10. 动物

1 古董

位于市场26区,所售古董包括:家具、画作、佛像(见右图)、灯具、珠宝、钟表、雕刻品。选购时要慎重考虑,原因有二:第一,所有真品需有质保证明;第二,泰国工匠造假技艺精湛。

2 工艺品

泰国以其手工艺品享誉全球,包括木雕、篮具、漆器、陶器、丝绸、银器、乐器。手工艺品会聚市场8区,幸运的话,你可以在这里一次购齐送给亲朋的礼物。

3 服装、饰品

约有5000个摊位销售服装和时尚饰品,基本上都集中在14、16、18、20区。因为价格超低,成为市场中最受青睐、最拥挤的地方。

家居饰物
4 装点家居的物品（见上图）在2至7区售卖。虽然有些物件十分笨重，难以运回家中，但不乏小巧的纪念品。

图书
5 藏书爱好者一定会爱上1区：出售的艺术类图书价位低廉，还有值得收藏的首版图书、过期杂志。建议最后游逛这一区域，因为选购图书后，行囊重量陡增，可能会打消你逛市场其他区域的兴致。

餐饮
6 有400多个餐饮摊位（见上图）散落在市场。许多商户只售卖一道拿手佳肴，因此在这里品尝小吃绝对是种享受。

中心钟塔
（Central Clock Tower）
7 高耸的钟塔（见上图）矗立在市场中心，抬头可见，是这里标志性的建筑，也很实用。要是迷了路，就朝钟塔走，从这儿很快就能找到自己的方向。

植物
9 可以在植物售卖区选购到果树幼苗、玫瑰丛、馥郁的茉莉、袅袅的兰花。花肥、花盆、园艺工具也在此销售。

恰都恰公园
（Chatuchak Park）
8 要想远离人群，稍事休息，就去市场附近的恰都恰公园散散步。公园于1980年12月起开放，空地片片，绿树成荫。一条人工湖贯穿公园，座座小桥横跨湖上。园内有一座铁路博物馆（Hall of Railway Heritage），最大的展览厅陈列着旧式的蒸汽机车、铁路客车、大小各异的火车模型。

动物
10 猫、狗、乌龟、鸣禽等宠物在市场9、11、13、15区出售。不过，市场还曾因为销售濒危动物（见本页右下详解）而招惹恶名。

濒危动物
遗憾的是，泰国把邻国的濒危动物运到市场销售，恰都恰周末市场几次抽查商户，发现动物处境十分恶劣，游客不留意根本看不到。这种非法的交易还在继续进行。

吉姆·汤普森故居

吉姆·汤普森，美国人，1945年来到曼谷，对泰国丝织技艺振兴功不可没。一座绿意浓浓的花园环绕着故居，他的传统泰式建筑内有大量东南亚古董、画作、雕品。另外五座建筑底部是支撑结构，利用柚木为建材，也陈列着部分收藏品。

土地堂的祭品

十大景观

1. 佛本生经画
2. 缅甸雕刻
3. 主卧
4. 达瓦剌瓦蒂无头佛像
5. 客厅
6. 餐厅
7. 传统柚木屋
8. 土地堂
9. 殷库丝织
10. 花园

3 主卧（Master Bedroom）

主卧（见上图）将花园美景尽收眼底，室内以雕塑、佛本生故事画为装饰，床头柜上摆放着吉姆·汤普森的照片。

有些在故居附近闲荡的人会告诉你故居没有开放，其实是想带你去别处购物拿回扣，千万不要理睬他们。

吉姆·汤普森丝绸（Jim Thompson Silk）分号位于故居空地上，出售很多小巧的丝绸制品，比如领带、钱包，非常适合买回家送亲朋。

故居内有一家相当不错的咖啡馆，面对宁静的池塘，而且菜肴、小吃花样繁多。

1 佛本生经画（Jataka Paintings）

位于故居入口处，描绘了释迦牟尼前生故事，虽作于19世纪初，但色彩依旧绚丽，细微处清晰生动。

2 缅甸雕刻

雕刻精细，技艺精湛。吉姆·汤普森收藏的木雕像还有守护神纳特（Nat）（见右图）。佛教传入缅甸后，将守护神融入其中。

4 达瓦剌瓦蒂无头佛像（Dvaravati Buddha Torso）

石灰石无头雕像，完成于达瓦剌瓦蒂时期（公元7—8世纪），发现于华富里府（Lopburi Province），恐怕是故居最具早期亚洲艺术特色的一件物品。佛像竖立在环绕故居的花园之内。

·地址：拉玛一世路（6 Soi Kasem San 2, Rama I Road）·地图：P2·电话：（02）216 7368·乘车路线：轻轨国家·体育场站（Skytrain National Stadium）·开放时间：9am—5pm（每日）·门票价格：100铢·www.jimthompsonhouse.com

客厅

5 故居中最引人注目的部分，宽敞、通透、面朝阳台，装饰色调以橙、红为主（见右图）。收藏着一尊13世纪的砂岩佛头像；缅甸木雕像，摆放在壁龛内，以灯照饰。

餐厅

6 同主卧一样，都能欣赏到花园美景。中国明代青花瓷器、上乘画作装饰其中。餐桌由两张麻将桌拼成，大概与吉姆·汤普森生前用餐时没有两样。

传统柚木屋

7 屋顶呈斜坡，利于通风；墙壁向内倾斜，显得房子比较高大（见上图）。

图例

- 一层
- 二层

土地堂（Spirit House）

8 紧邻河道，有花束、香火等祭品供奉故居区域内的土地神。

花园

10 花园环绕故居，园内池塘清凉湿润，热带植物蓊蓊郁郁（见下图），有热带花卉、香蕉树、棕榈树。

般库丝织（Ban Khrua Silk Weavers）

9 当初，汤普森把居所选在善萨运河（Khlong Saen Saep）边，就是考虑对岸的班库居住着丝织工，便于他监督。

吉姆·汤普森失踪之谜

1967年复活节，吉姆·汤普森在马来西亚的喀麦隆高地（Cameron Highlands）外出散步，从此杳无音信。他曾在美国中情局前身——战略情报局供职，因此有人怀疑他被越南共产党绑架，也有人猜测他是被大货车所撞，货车司机将其掩埋。只是尸首至今没有找到，因此他的生死下落仍是谜团。

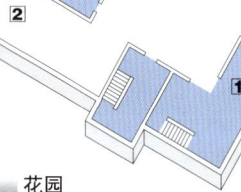

TOP10 黎明寺

因为泰王塔克辛于1767年10月的一个破晓时分来到这里，设立吞武里（Thonburi）为暹罗（Siam）新都，遂以印度黎明神命名此寺。寺庙有着浓郁的高棉风格，塔群巍峨耸立，周身饰以五彩碎瓷片。

暮色中的黎明寺

黎明寺内的女人鸟科纳丽

🛈 许多游客跟团参观黎明寺，其实大可不必，因为有渡轮从泰田（Tha Thien）往返穿河而过。

虽然时有小贩兜售食品、饮料，但寺庙内未设餐厅，因此最好自带饮用水。

🛈 如果傍晚时分参观寺院，可在沿河东岸的咖啡厅休憩片刻。

·地址：黎明阿玛林路34号（34 Arun Amarin Road）
·地图：B2
·电话：（02）891 1149
·乘车路线：泰田码头乘渡轮（Tha Thien Pier）
·开放时间：7am-6pm（每日）
·门票价格：20铢
·www.watarun.org

十大景观

1. 河景
2. 瓷片
3. 中央主塔
4. 主塔层级寓意
5. 主塔台阶
6. 正殿
7. 中国护卫
8. 祭亭
9. 女人鸟科纳丽
10. 四小陪塔装饰

河景

尽管寺名为"黎明"，但黄昏时分从河东岸远眺，景色绝佳。泰田附近分布着几家咖啡馆和餐厅，可以看到夕阳从高耸宝塔落下，美不胜收（见下图）。

瓷片

佛塔周身镶嵌着彩色碎瓷片，堪称19世纪回收再利用的典范。当时，中国商船以碎瓷器为压舱之物，这些碎瓷被卸载后，用于装饰佛塔（见中图）。

中央主塔

在拉玛三世（1824—1851年在位）的修建下，现存塔高81米（见下图），代表着印度佛教中的神山梅鲁峰（Mount Meru）。塔尖是因陀罗（Indra）的武器——霹雳；因陀罗骑乘三头象埃如顽（Erewan）的雕像摆置在壁龛里。

4 主塔层级寓意
中央主塔分三层，颇具寓意。第一层塔基座代表佛界众生；第二层塔中部意指脱离欲念；第三层塔顶表示极乐世界。

5 主塔台阶
中央主塔的台阶陡峭、狭窄，寓指人类超脱之不易。台阶一直通向窄小塔台，可以俯瞰曼谷全貌，只可惜顶层楼梯不常对外开放。

6 正殿
殿内的一尊佛像由拉玛二世（1809—1824年在位）亲手浇铸，他的遗体安放在佛像底部（见上图）。壁画在拉玛五世（见34页）统治时期创作完成。两个巨型守护神石像矗立在正殿入口。

7 中国护卫
八组石阶直通塔台，每组石阶都有中国古时将士塑像护卫。这些塑像很可能同瓷器一起作为压舱之物运抵而来。塔台上还分布着一些神话兽像。

9 女人鸟科纳丽
主塔第二层有许多小壁龛，神话动物科纳丽便隐藏其中。科纳丽是梅鲁峰脚下海麻盘森林（Himaphan Forest）的一种神化动物，半人半鸟，以其婉转的歌声、婀娜的舞姿、动情的诗意而广为人知。

8 祭亭
分布在四座小陪塔的拐角处，装饰精美。每座祭亭都安放一尊佛像，展示着佛陀的一生，如佛陀的诞生（北）、修行（东）、成道（南）、涅槃（西）。

塔克辛国王的兴衰
塔克辛国王（Taksin the Great）（1768—1782年在位）是暹罗国最勇猛的国王之一。阿育塔雅被消灭后，他将暹罗各派军队重组，向柬埔寨、老挝和马来半岛发起进攻。18世纪70年代，在他的率领下，暹罗领土前所未有地急剧扩张。然而，胜利使他迷失了方向，最终军事政变爆发；为避免国王之血染红土地，他被放在丝绒袋中，棍打棒扁致死。

10 四小陪塔装饰
四座小塔代表着四大海洋，均以各色碎瓷片镶成花饰。每座小塔由恶魔和猴子守卫，壁龛中放置的是骑在白马上的风神雕像（见右图）。

TOP 10 阿育塔雅

14世纪以后，阿育塔雅成为自治王朝都城；1767年，遭受缅甸军队彻底破坏而灭亡。如今，阿育塔雅入选联合国教科文组织《世界遗产名录》；从其废墟中，还能依稀辨认出故都的繁华风貌，体味泰国的文化遗迹。

帕兰寺

乘坐游船前往阿育塔雅这座历史名城，最为惬意；有些旅行社就涵盖往返游船项目。

虽说有些人选择乘坐空调小巴游览古城，其实骑自行车最为便捷。

柴昆路（Chaikun Road）上的麻辣客（Malakor）餐厅，木质结构，简洁朴素，就在拉察布拉那寺前面，以泰餐和西餐为主，价格公道。

· 地址：曼谷以北85公里
· 地图：T1
· 开放时间：多数寺院8am–5pm（每日）
· 门票价格：30铢
· 昭善披耶国家博物馆9am–4pm（周三至周日）
· 阿育塔雅历史研究中心
· 开放时间：9am–4:30pm（周一至周五）
· 开放时间：9am–5pm（周六、周日）
· 门票价格：100铢

十大景观

1. 玛哈泰寺
2. 昭善披耶国家博物馆
3. 拉察布拉那寺
4. 阿育塔雅历史研究中心
5. 帕席桑碧寺
6. 塔米卡拉寺
7. 露卡苏塔兰寺
8. 帕兰寺
9. 王蓬宫
10. 帕蒙空博碧寺

1 玛哈泰寺（Wat Phra Mahathat）

阿育塔雅鼎盛时期最为重要的寺庙之一，寺院内曾有一座高46米的主塔，不过已经倒塌。座座小塔渐渐倾斜，塔角摇摇欲坠，榕树根盘根错交织，佛陀头像包裹其中，所有这些都不免让人忆起昔日故都风貌。

2 昭善披耶国家博物馆（Chao Sam Phraya National Museum）

阿育塔雅大部分珍古奇玩，包括金佛像，不是被缅甸军队抢走，就是被人劫掠。只有一少部分保存下来在这里展出（见上图）。

3 拉察布拉那寺（Wat Ratchaburana）

位于玛哈泰寺旁边，占地面积很大，主体建筑是一座高棉风格的宝塔，1424年由波罗玛拉查二世（Borommaracha II）建造。1957年，盗贼窃开宝塔地穴，带走大批黄金珠宝和珍贵文物；没带走的现在昭善披耶国家博物馆展出。宝塔地穴壁画精美绝伦，有楼梯直达参观。

阿育塔雅以印度古代梵语叙事诗《罗摩衍那》中神圣的拉玛王国命名

4 阿育塔雅历史研究中心（Ayutthaya Historical Study Center）

中心（见下图）用模型再现了船只、房屋和其他历史物件，旨在展示城市历史和贸易往来。一座帕席桑碧寺模型也在展示之列，当初那座恢弘寺院已经所剩无几。

5 帕席桑碧寺（Wat Phra Si Sanphet）

曾经是阿育塔雅最辉煌的一座寺庙（见上图），目前仅存三座斯里兰卡风格的巨塔，还有一些王宫建筑的遗迹。巨塔，醒目突出，保存着阿育塔雅国王的遗骨。

6 塔米卡拉寺（Wat Thammikarat）

佛塔废墟呈八角形，狮神兴伽令人生畏（见下图），这里虽鲜有游客光顾，但却最具神秘色彩。

7 露卡苏塔兰寺（Wat Lokaya Sutharam）

一尊石灰水粉刷过的巨型卧佛（见左图）曝露在外，遭风吹雨淋，引人注目。卧佛曾经被安置在木质廊亭内，现只剩八角形立柱。

10 帕蒙空博碧寺（Wihan Phra Mongkhon Bophit）

20世纪50年代建成，收存15世纪铸造、高12米的青铜大佛像（见下图）。

8 帕兰寺（Wat Phra Ram）

阿育塔雅历史最悠久的一座寺庙，始建于1369年，主塔建于15世纪，装饰着蛇神那迦石像、鸟神伽鲁达石像以及佛像。

9 王隆宫（Wang Luang）

15世纪，波罗玛泰罗卡纳国王（King Boromatrailokanat）建造，曾设有围栅，能容纳100多只大象。后来，王宫被缅甸军队夷为平地，只有基座留存下来。

阿育塔雅简史

1351年拉玛迪波蒂一世（Ramathibodi I）设立阿育塔雅。之后四百多年，除了北部的自治王国——拉那（Kingdom of Lanna），阿育塔雅一直控制着今天的泰国。欧洲商人回国后赞叹这里高度发达，富足繁荣。阿育塔雅的崛起突如其来，灭亡也是如此。1767年，惨遭缅甸军队入侵掠取，顷刻间，都城废墟一片。

12月中旬，阿育塔雅主办为期一周的活动庆祝其入选联合国教科文组织《世界遗产名录》。

阿玛林宫

崖凯蒙库寺

帕南成寺

TOP 10 阿育塔雅及周边景点

1 邦芭茵宫（Bang Pa-In）
许多行程都包含此景点；原是王室避暑夏宫，将泰国建筑风格与西方建筑风格兼收并蓄，融为一体。湖中艾沙苑提帕亚亭（Aisawan Thipphaya-at Pavilion）最值得拍照。◎位于阿育塔雅以南24公里·每天8:30am-4:30pm开放·凭票入内

2 华富里（Lopburi）
泰国最古老的城镇之一，6世纪以后成为达瓦剌瓦蒂文化中心。那莱王（King Narai the Great）（见31页右下详释）和拉玛四世（见34页）把这里设为陪都；那莱宫（Narai's palace）很值得参观游览。◎位于阿育塔雅以北70公里

3 那披枚寺（Wat Na Phra Mane）
缅甸军侵略阿育塔雅，对那披枚寺的损毁并不太严重，因此来此游览，趣味盎然。寺内大雄宝殿建造精美；小佛堂安放着达瓦剌瓦蒂时期的石佛像，非常罕见。◎位于阿育塔雅以北·周一至周五8am-5pm开放；周六、周日8am-6pm 开放·凭票入内

4 崖凯蒙库寺（Wat Yai Chai Mongkol）
寺庙的特色包括：那勒苏安王修建的高大佛塔、件件橘黄色袈裟、铁矾佛像、安放在寺庙一角的大卧佛。◎位于阿育塔雅以东2公里·每天8am-5pm开放·凭票入内

5 坎塔拉卡森宫博物馆（Chantarakasem Palace Museum）
阿育塔雅最古老的一座博物馆，里面陈列着拉玛四世的御座、精美陶器、佛像以及炮、枪一类的兵器。◎位于阿育塔雅东北角·周三至周日8:30am-4:30pm开放·凭票入内

坎塔拉卡森宫博物馆

6 普考桐寺（Wat Phu Khao Thong）
也被称为金山寺（Golden Mount），一座高80米的佛塔独具特色。登塔可将周边稻田美景一览无余。◎位于阿育塔雅以西2公里

7 帕南成寺（Wat Phanan Choeng）
寺庙可以追溯到公元14世纪，因为有一座中国王妃殿，特别受中国的善男信女青睐。寺中高19米的青铜坐佛像最引人注目。◎位于阿育塔雅以南·每天8am-5pm开放·凭票入内

8 普泰萨文寺（Wat Puthaisawan）

位于阿育塔雅中心区河对岸，寺内有一座14世纪重建的佛塔，回廊环绕，廊内放置着佛像。 位于阿育塔雅以南

柴瓦塔娜兰寺

9 柴瓦塔娜兰寺（Wat Chai Wattanaram）

始建于17世纪，20世纪末重建，寺庙仿照吴哥窟，一座大塔在中央，四周八座小塔围绕。位于阿育塔雅以西

10 圣约瑟大教堂（St. Joseph's Cathedral）

17世纪，外国商人除非受到邀请，否则不允许进入城区，为了满足他们的需要，兴建了这座教堂；19世纪，进行了装修，如今仍在使用。位于阿育塔雅以西

阿育塔雅十大国王

1. 拉玛迪波蒂一世（1351—1369年在位）
2. 波罗玛拉查一世（1370—1388年在位）
3. 波罗玛拉查二世（1424—1448年在位）
4. 波罗玛泰罗卡纳（1448—1488年在位）
5. 拉玛迪波蒂二世（1491—1529年在位）
6. 那勒苏安（1590—1605年在位）
7. 帕萨桐（1629—1656年在位）
8. 那莱（1656—1688年在位）
9. 披波塔卡（1688—1703年在位）
10. 普米塔拉卡（1758—1767年在位）

那莱王（King Narai the Great）（1656—1688年在位）

与大多数阿育塔雅国王一样，那莱废黜其长兄王权，篡夺了王位。当然，他与西方国家建立了友好的外交关系，派遣使节前往欧洲宫廷，并且任命外国人康斯坦丁·保功（Constantine Phaulkon）为重臣，这些都深入人心。同时代的欧洲商人记载，当时阿育塔雅民生富足、文化璀璨，在欧洲广为人知。保功曾劝说那莱王邀请法国使团来访，从而均衡荷兰在阿育塔雅的利益。很多暹罗人对此深表疑虑；果然，法国使团的主要目的就是想让那莱王皈依基督教。那莱王一驾崩，外国人就被驱逐出阿育塔雅。

那勒苏安王雕像

披斯拉塔那玛哈泰寺，华富里（Wat Phra Si Rattana Mahathat, Lopburi）

曼谷十佳——前十名排行榜

火车站

暹罗国王拉玛四世（Rama IV）和王后拉姆普伊（Ramphuy）

TOP 10 十大历史瞬间

1. 1767年：阿育塔雅被缅甸军侵占

阿育塔雅有着400年的辉煌历史，曾经是亚洲强国之一，最终在1767年落入缅甸军队手中。尽管一年之内，缅军就被驱逐出境，阿育塔雅不再固若金汤，塔克辛将军（General Taksin）把吞武里（Thonburi）定为暹罗（今泰国）新都。

2. 1782年：定都曼谷

15年之后，起义爆发，塔克辛的独裁统治结束；昭披耶查克利将军（General Chao Phraya Chakri）上台，建立查克利王朝（Chakri Dynasty）；查克利被称为拉玛一世，实施的第一项举措就是将都城东移至河对岸的曼谷。

3. 1851年：拉玛四世登基

出家27年后，蒙库王（King Mongkut）即位，成为查克利王朝的第四位统治者，即拉玛四世。泰国人认为拉玛四世率先推进暹罗国的现代化建设，尤其是通过协商打开国门与西方展开贸易往来。

4. 1868年：拉玛五世即位

拉玛四世的儿子，朱拉隆功（Chulalongkorn）年仅15岁继承父位，成为查克利王朝的第五位统治者，即拉玛五世，在位长达40多年。当时英、法两国将东南亚瓜分进行殖民统治，而暹罗在拉玛五世统治下，未遭此运。

暹罗国王拉玛五世（1868—1910年在位）

5. 1893年：第一条铁路开通

拉玛五世继续实施父亲的现代化建设纲要。1893年，第一条铁路开通，长达22公里，绵延至帕南（Pak Nam），昭披耶河入泰国湾（Gulf of Thailand）处。后来，这条铁路线四通八达，连接着南、北、东北地区。

6. 1932年：君主立宪制实施

1932年爆发不流血政变，暹罗君主统治结束，军政府掌权。虽然君主制继续受到尊崇，但却酝酿了一系列的军事政变，在泰国政坛不断上演。

前两页图片：泰国古都阿育塔雅今日风貌

泰国现任国王拉玛九世

7 1946年：拉玛九世登上王位

其兄玛希敦王（King Mahidol）在床上遭枪击射中头部身亡后，拉玛九世——普密蓬·阿杜德王（King Bhumibol Adulyadej）继位，是世界上在位时间最长的君主。

8 1992年：军政府下台

1992年军事政变后，泰国民众深表不满。军队在曼谷街头枪毙多名群众，素金达·卡拉伦勇将军（General Suchinda Kraprayoon）自封总理，紧接着，拉玛九世介入，使其迅速下台，民主政体重新建立。

9 1997年：金融危机

经历10年经济持续增长繁荣期以后，银行、金融机构出现一连串呆账、坏账，经济泡沫破灭，最终金融危机爆发。政府通过向世界货币基金组织贷款稳定了经济。

10 2006年：他信下台

他信（Thaksin Shinawatra）自称是泰国"CEO领袖"，于2001年以泰爱泰党（Thai Rak Thai Party）主席身份登上权力宝座，当选总理。他敏锐的经济洞察力给民众留下深刻的印象；然而，因腐败问题，他在2006年9月爆发的军事政变中下台。

十大泰国名人

1 常、恩兄弟（Chang and Eng Bunker）
暹罗连体双胞胎（1811—1874），生于曼谷，在美国定居结婚后，一共养育了22个子女，生命最后阶段，两人相隔数小时相继去世。

2 普雷·披卜颂堪（Plaek Pibul-songgram）
泰国总理、陆军总司令，执政15年，1939年将国名暹罗改为泰国。

3 库克瑞·巴莫（Kukrit Pramoj）
泰国第13位总理（1975—1976），于1985年因其文学领域的成绩，获国家艺术家殊荣。

4 普瑞姆·提苏岚侬达（Prem Tisulanonda）
1980—1988年任泰国总理，拉玛九世的重要亲信之一。

5 阿南·帕纳拉春（Anand Panyarachun）
20世纪90年代，两度担任泰国总理，1996年实施了期待已久的宪法改革。

6 考赛·加拉西（Khaosai Galaxy）
人称"泰国泰森"（Tyson），1984至1992年世界拳击联合会（WBA）超轻量级冠军，19次成功卫冕。

7 波迪·娜克伦卡诺（Porntip Nakhirunkanok）
1988年摘取环球小姐（Miss Universe）桂冠，为盛产美女的泰国赢得殊荣。

8 桐凯·麦泰儿（Thongchai McIntyre）
泰国流行歌坛超级偶像，人称"飞鸟"，也出演影视剧。

9 帕拉多·斯里查潘（Paradorn Srichaphan）
泰国最出色的网球手，《时代周刊》（Time）的封面人物，球场上举止温文尔雅。

10 泰格·伍兹（Tiger Woods）
恐怕是最伟大的高尔夫球手，有泰国血统。

曼谷十佳——前十名排行榜

 1939年以前泰国国名为暹罗，1945年至1949年间再次启用这一国名

苏安帕卡　　　詹姆朱瑞画廊　　　　　国家美术馆

十大博物馆和艺术画廊

1. 国家博物馆（National Museum）
国家博物馆（见12~13页）第一展厅通过立体布景准确、简要地讲述了泰国文化发展、演化历程；其他展厅陈列着素可泰、阿育塔雅、拉塔纳克辛、拉塔时期精美绝伦的工艺品。千万不要错过澜克罕航石碑、皇家葬礼轮车陈列馆、浮屠沙旺佛堂。

浮屠沙旺佛堂内部

2. 国家美术馆（National Gallery）
融会了泰国传统和当代艺术品。楼上展厅陈列着寺庙横幅。每周末在美术馆庭院举办美术市场。昭法路4号（4 Chao Fa Road）·地图C3·（02）282 2639·周三至周日9am-4pm开放·凭票入内·www.thailandmuseum.com

3. 皇家御舟博物馆（Royal Barge Museum）
博物馆是一座干船坞仓库，收藏着8艘华丽御舟，每艘长约50米，只在皇家庆典仪式上使用。其中一艘名为苏潘纳宏（Suphannahonges），国王和王后乘坐，最为宽大、华贵。（见89页）

4. 法医学博物馆（Museum of Forensic Museum）
斯瑞拉医院（见89页）一反常规，陈列着头颅、浸泡的肢体、谋杀枪械，旨在教育民众而非惊吓民众，让人毛骨悚然；最出名的展品是连环杀人犯斯·欧威（Si Ouey）的尸首。

5. 苏安帕卡（Suan Pakkad）
传统的泰式建筑群，堪称泰国建筑典范；陈列着古代绘画作品、雕刻品、古典面具舞中变幻多端的面具。

6. 泰越缅画廊（Thavibu Gallery）
曼谷最让人难忘的私人画廊之一。画廊展品主要来自泰国（Thailand）、越南（Vietnam）和缅甸（Burma），因而画廊名称也由这三个国家英语拼写的首字母构成。画廊对个性突出的年轻艺术家青睐有加；不仅展出永久收藏品，还推出流动展览。西隆路919/1号西隆卡勒里308房（Suite 308, Silom Galeria, 919/1 Silom Road）·地图N6·（02）266 5454·周二至周六11am-7pm开放；周日中午至6pm开放·www.thavibu.com

7. H画廊（H Gallery）
位于西隆路后街一座别致的殖民地时期的建筑里。画廊成立时间不长，主要展出亚洲当代艺术家的各种抽象派作品，有的相当有创意，比如柬埔寨艺术家索披克（Sopheap Pich）的藤条、金属丝雕塑。萨屋12, 201号（201 Sathorn Soi 12）·地图N6·（081）310 4428·周四至周六中午至6pm·www.hgallerybkk.com

朱拉隆功大学艺术中心

8 艺术中心（Art Center）

朱拉隆功大学在曼谷声名显赫，有两座画廊，艺术中心是其中一座，位于暹罗广场附近的校园内，展品以本校教授、本土以及国际知名美术家的作品为主。艺术中心以其实验手段和交互式大型作品而著称。披耶泰路朱拉隆功大学，学术资源楼七层（Center of Academic Resources Building, Seventh Floor, Chulalongkorn University, Phaya Thai Road）·地图P3·（02）218 2965·周一至周五10am-7pm开放·www.car.chula.ac.th/art

9 詹姆朱瑞画廊（Jamjuree Gallery）

朱拉隆功大学第二座画廊，是一座两层建筑；崭露头角的画家，包括应用美术系的学生、有一定知名度的泰国画家，偶尔也有外国画家的作品在这里展出。从暹罗广场购物区步行到画廊很方便。披耶泰路朱拉隆功大学詹姆朱瑞楼8号（Jamjuree Building 8, Chulalongkorn University, Phaya Thai Road）·地图P3·（02）218 3708-9·周一至周五10am-7pm；周六、周日中午至6pm开放

10 皇后美术馆（Queen's Gallery）

于2003年，在诗丽克皇后的提议下成立，美术馆设在一座五层楼高的建筑里，展厅面积达3700平方米。成立之初，诗丽克皇后希望展出高水平的泰国视觉艺术品。内部商店提供大量印制精美的艺术类图画书和印有当代艺术作品的T恤衫。拉卡丹嫩克朗101号（101 Ratchadamnoen Klang）·地图D3·（02）281 5360-1·周四至周二10am-7pm开放·凭票入内·www.queengallery.org

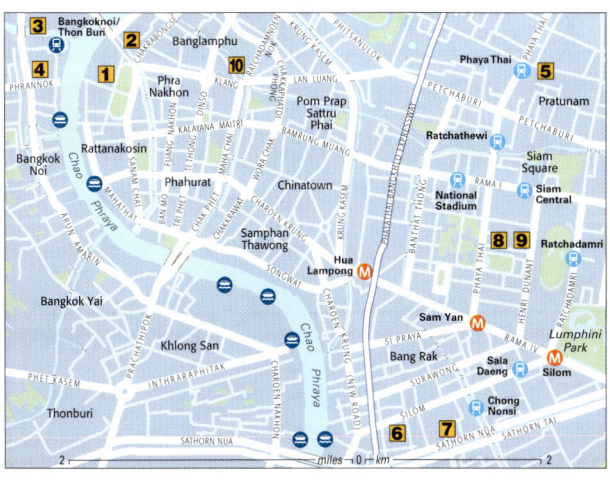

登录traveldk.com分享游览感受

恰都恰周末市场　　　　　　　　　山姆蓬巷市场

十大购物场所

1 恰都恰周末市场
泰国规模最大的市场，每周末都吸引无数购物者，熙熙攘攘，好不热闹。年轻人热衷时尚饰品，中年人专挑家居用品，老外选购纪念品。（见22~23页）

2 帕图南市场（Pratunam Market）
市场占据了人行道和小马路，热闹非凡，是廉价服装集散地。商店里挤满了裁缝，低头弯腰缝制衣服。市场里还可以买到打折的化妆品、手提箱、书包、手机饰物、电子设备以及便宜的纪念品。●拉卡帕罗路（Ratchaprarop Road）·地图Q1·每天9am至午夜营业

3 帕乌拉市场（Phahurat Market）
走在市场狭窄的道路上，你也许会误以为自己来到了印度。商店一家挨着一家售卖布匹；一些旅行社在此推出特价旅游线路；便宜的餐厅也不少。（见73页）

4 山姆蓬巷市场（Sampeng Lane Market）
市场位于狭窄的道路上，商店排列成行，出售家用物品、时尚配饰、鞋和服装。帕乌拉路直通山姆蓬巷，从帕乌拉走到山姆蓬巷仿佛从印度来到了中国。（见75页）

5 暹罗购物广场（Siam Paragon）
曼谷大型购物中心之一，就连比较挑剔的顾客都非常喜欢光顾。广场共六层，汇集了品牌服装、化妆品、美甲中心、美发厅、餐馆、影院、书店、音像店，在这里总能满足所需。位于地下的水族馆，暹罗海洋世界（Siam Ocean World）更是无与伦比。●拉玛一世路暹罗广场（Rama I Road, Siam Square）·地图P2·(02) 690 1000·每天10am-10pm营业·www.siamparagon.co.th

暹罗购物广场

6 玛卜圭购物中心（Mahboonkrong）
其他购物中心过于国际化，但这里极具泰国特色。购物中心简称MBK，共六层，小摊位一个挨着一个，售卖纪念品、廉价服装，也包括盗版名牌。中心内还有一家比较大型的珠宝工厂直销店，一家东吉百货公司（Tokyu Department Store）分店。●披耶泰路（Phaya Thai Road）·地图P3·每天10am-10pm营业

7 盖桑购物中心（Gaysorn Plaza）

属于高档购物中心，瞄准的是高端购物群体。内有名品专柜、美容院、豪华工艺品店、高级餐厅。二层以"都市时尚街"为特色，泰国著名设计师的作品在这里展售。盖桑生活顾问为顾客提供购物导引。⊚ 普隆奇路（Plenchit Road）·地图Q2·（02）656 1149·每天10am–8pm营业·www.gaysorn.com

班迪购物广场

8 班迪购物广场（Pantip Plaza）

是个电子商城，出售最新的电脑程序、DVD影碟、数码相机以及其他电子设备。商城里全新和二手硬件、软件琳琅满目，当然也充斥着盗版产品。虽然时有警察查抄，但因为当地消费者对盗版产品需求量很高，小贩也就跟着市场走了。⊚ 新披布里路（New Phetburi Road）·地图Q2·（02）656 5030·10am–10pm营业

9 河城购物中心（River City）

是一座高消费购物中心，由东方文华（Oriental Hotel）和意大泰集团（Italthai Group）经营，售卖古董、手工艺品、泰丝。中心位于昭披耶河河畔，内设的几家餐厅能饱览河流景致，顾客在三、四层逛罢艺术品店、古董店可以来餐厅小憩观景。⊚ 育塔路（Yotha Road）·地图M4·（02）237 0077·每天10am–10pm营业·www.rivercity.co.th

10 纳拉亚班商城（Narayana Phand）

专门出售泰国手工艺品，想给家人朋友选购礼物，来这里不会错。商场出售的商品种类繁多，比如泰国娃娃、泰国古典舞蹈演出用的面具、黄铜雕像、漆器、木雕、丝制衣服、银器，真可谓应有尽有，琳琅满目。与泰国其他市场不同，这里不讲价。⊚ 拉察丹利路（Ratchadamri Road）·地图Q2·（02）252 4670·每天10am–8pm营业

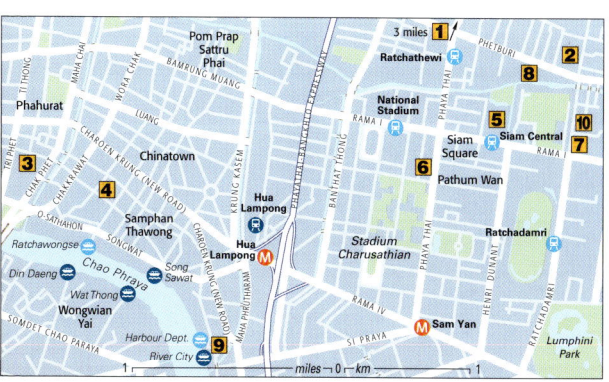

蓝象

卷心菜与保险

思安

十大餐厅

1. 诺曼底（Le Normandie）
曼谷最好的餐馆之一，以高档法国美食为主，氛围松缓，装饰奢华，服务周到。特色菜有：块菌奶油汁鹅肝饺；布列塔尼（Brittany）龙虾；番茄烤羊肉。店内原产法国的葡萄酒超过200种。（见85页）

诺曼底

2. 玛纳嘉（Maha Naga）
从喧嚣的素克威路（Sukhumvit Road）步行片刻，就能找到，有点儿隐蔽。花园和餐厅都布置得时尚、静雅，服务细致入微。菜品融合泰餐和西餐口味，也有许多传统泰国菜。（见93页）

3. 热风（Sirocco）
位于摩天大楼顶层，俯瞰曼谷全景极佳，而且菜品也不错。特色菜有：地中海海鲜沙拉；缅因烤龙虾；架烤腌羔羊。葡萄酒种类繁多，不过，有的每瓶要价超过10万泰铢。这里还定期举办爵士现场表演。（见85页）

4. 微风（Breeze）
以亚洲海鲜为特色；餐厅豪华、气派，深入人心。这里风景无限，服务超一流，菜品鲜美，享用一餐，定会终生难忘；当然价格不菲，有的菜价超过3000泰铢。（见85页）

5. 蓝象（Blue Elephant）
以泰国宫廷菜为特色，在世界各地设有分店，非常成功。菜单妙趣横生，比如：蓝象珍味，其实就是将多种开胃菜放在一个盘子中；主菜有猪油润大马哈鱼、柠檬叶牛排。（见93页）

6. 喜玛利恰恰（Himali Cha Cha）
一派印度装饰风格，以地道印度菜为特色；有美味的达尔（Dal）、香辣的洋葱咖喱对虾、浓汁烤肉串。不喜欢辣味的食客，可以选择炒饭；要是还有胃口的话，最后可以品尝印度坚果冰激凌。（见85页）

7. 班卡尼塔（Baan Khanitha）
菜品出色，多次获奖；装修富有传统泰国特色。最受欢迎的是泰国国菜：酸辣虾汤（Tom Yam Kung）和鸡肉鲜柚子沙拉（Yam Som O）。（见93页）

➤ 多数高档餐厅可以刷信用卡

十大特色美味

1. 酸辣汤（Tom Yam Kung）
极具泰国美食特色。汤又酸又辣，主料有对虾或其他海鲜，配以辣椒、柠檬叶、高良姜。

2. 泰式炒河粉（Phat Thai）
顾名思义，泰国炒米粉，配料有豆芽、花生米、鸡蛋，美味又可口，作为午餐再合适不过了。

3. 椰香红咖喱（Kaeng Phanaeng）
主料一般是猪肉或者鸡肉，加入红咖喱，配以椰奶。

4. 红番辣椒酱（Nam Phrik）
由捣碎的辣椒和茄子制成，绵滑可口，甜滋滋，辣酥酥；此酱使泰国菜别具风味。

5. 糯米饭（Sticky Rice）
泰国北方人和东北方人把糯米饭捏成团，蘸酱汁食用。

6. 青木瓜沙拉（Som Tam）
青木瓜切成细丝，与干虾、柠檬汁、西红柿、花生米、鱼露、辣椒拌在一起制成。

7. 蚝油炒时蔬（Phat Pak Bung）
清晨的一道美味青菜；蚝油炒制、配以蒜茸，口感松脆、营养丰富。

8. 杜果糯米饭（Mango with Sticky Rice）
香甜滑润，美味可口。

9. 椰奶馅（Coconut Custard）
由椰奶、鸡蛋、糖制成的甜馅。

10. 果汁、奶昔（Fruit Juices and Shakes）
绝大多数泰国水果都可以制成果汁，美味又解渴；还可以与酸奶一起制成奶昔。

丽滋（Le Lys）
8 非常温馨，就像回到家中一样，真可谓宾至如归。还有草坪，可以玩法式滚球；有兴趣的话，可以一试身手。菜品绝对精致美味，有鲜嫩柠檬叶沙拉、泰国香料烤鲈鱼、红咖喱烤鸭肉。葡萄酒品种也不少。（见93页）

丽滋

卷心菜与保险套（Cabbages & Condoms）
9 由泰国人口与社会发展协会经营，协会工作重点是计划生育；他们的口号是"我们的菜品可以避孕"，难怪餐厅名字很怪异。这里的菜很可口，招牌菜是香辣鲶鱼沙拉、椰壳蒸对虾。（见93页）

思安（Cy'an）
10 坐落在曼谷最时髦的酒店之一，装修设计风格极尽简洁，菜品风味多样，多数都融合了亚洲和地中海美食特色。选料考究新鲜、营养价值高；服务体贴，关注细节；在此就餐，感受非凡。（见93页）

红糖

Q吧

巫婆客栈

十大酒吧、俱乐部

1 广告13号（Ad Here the 13th）

在考山路附近，面积不大，墙壁上有很多窟窿，气氛很热烈。酒吧乐队从晚上10点开始演奏，曲目通常是布鲁斯和爵士乐。遇到周末举行特别演出，这里人山人海。酒水饮料价格合理。山姆森路13号（13 Samsen Road）·地图C2·每天6pm至午夜营业

萨克斯

2 萨克斯（Saxophone）

俱乐部成立很早，共两层，座位不少。这里演奏的音乐精彩多样：平时晚上是现场爵士；周末是摇滚和布鲁斯；周日偶尔是雷鬼。中等消费水平。披耶泰路，胜利纪念堂13/8（13/8 Victory Monument, Phaya Thai Road）·地图T5·每天6pm至午夜营业

3 红糖（Brown Sugar）

曼谷最早演奏爵士的酒吧，知名度很高。店面虽小但气氛温馨。驻店爵士乐队晚上11点演出之前，时常会有民间艺人献艺。萨拉辛巷231/1920（231/1920 Soi Sarasin）·地图Q4·（02）250 1826·每天6pm至午夜营业

4 床榻晚餐俱乐部（Bed Supperclub）

超级摩登，很像太空站，内设餐厅时髦华丽，而且拥有曼谷最受欢迎的舞池。可以登录其网站获取多姿的主题之夜活动。素克威11巷26号（26 Sukhumvit Soi 11）·地图T6·每天8pm至1am营业·www.bedsupperclub.com

5 Q吧（Q Bar）

备受曼谷人和游客喜爱。经常举办周末派对，邀请国际DJ捧场。音乐类型多样，有嘻哈、豪斯音乐、迷幻爵士和电子鼓乐。素克威11巷34号（34 Sukhumvit Soi 11）·地图T6·（02）252 3274·每天8pm至1am营业·www.qbarbangkok.com

6 翠竹吧（Bamboo Bar）

环境舒适，每晚从10点开始演奏爵士，乐曲舒缓轻盈，非常适合聆听、放松。东方大道48号东方文华酒店（Oriental Hotel, 48 Oriental Avenue）·地图M5·（02）236 0400·每天中午至1am营业

硬石餐厅

7 硬石餐厅（Hard Rock Café）

这家国际连锁曼谷店形如吉他，鸡尾酒和啤酒品种繁多。摇滚乐队每晚召于很强，通常晚上10点钟左右会把观众

调动起来共舞。菜单相当精致；下午5点到晚上8点为优惠时段。⊕暹罗广场11巷424/3-6（424/3-6 Soi 11, Siam Square）·地图P3·（02）2510797·每天11am–2pm营业·www.hardrock.com/Bangkok

恶魔

魔兽（Lucifer）
8 坐落在曼谷红灯区帕蓬路（Patpong）上，是个舞厅，人很多。内部装饰着钟乳石、马赛克；恶魔面具，红目圆睁，注视着下面的舞池。服务员们身着橙色的制服，头戴魔角，穿梭其中递送酒水。⊕帕蓬1路76/1-3（76/1-3 Patpong 1）·地图M5·（02）234 6902·每天9：30pm–2am营业

70年代（70s Bar）
9 顾名思义，酒吧以20世纪70年代为主题，音乐也不例外。空间虽小，客人很多；舞池容纳不了多少人，感觉很拥挤。⊕萨拉辛巷（231/6 Soi Sarasin）·地图Q4·（02）2534433·每天6pm–1am营业

巫婆客栈（Witch's Tavern）
10 每晚都有乐队现场表演，通常以柔美民歌和爵士开始，随着夜色渐浓，乐曲节奏加快，以流行摇滚情歌为主。⊕素克威 55巷306/1（306/1 Sukhumvit Soi 55）·地图T6·（02）391 9791·每天11am–2am营业

十大同志酒吧、俱乐部

1 阳台（Balcony Bar）
位于同性恋区中心地带，餐食便宜，还有优惠时段。⊕西隆4巷（Silom Soi 4）·地图P5

2 咖啡社团（Coffee Society）
占据四层楼，既是餐厅，又是觅友之地、休憩场所、艺术长廊。⊕西隆路2巷与4巷之间（Silom Road〈Between Soi 2 and Soi 4〉）·地图P5

3 迪斯科 迪斯科（Disco Disco）
很值得一去。⊕西隆2巷（Silom Soi 2）·地图P5

4 DJ站（DJ Station）
很受欢迎，每天人头攒动。⊕西隆2巷（Silom Soi 2）·地图P5

5 浓咖啡（Expresso）
适于休息放松、观看街头熙来攘往。⊕西隆2巷（Silom Soi 2）·地图P5

6 自由人（Freeman）
有午夜歌舞表演。⊕西隆2/1巷60/18-21（60/18-21 Silom Soi 2/1）·地图P5

7 男人秀（G.O.D）
内设大型跳舞场地，"男人秀"（Guys on Display）这个名称真是恰如其分。⊕西隆路2巷与4巷之间（Silom Road〈Between Soi 2 and Soi 4〉）·地图P5

8 电话吧（Telephone Pub）
酒吧曾经把电话机放在餐桌上，供人们在桌间私语。酒吧名称自此得来。⊕西隆4巷114/11-13（114/11-13 Silom Soi 4）·地图P5

9 狮身人面像（Sphinx）
菜品美味，花样繁多，因此吸引了很多时尚贵客。⊕西隆4巷104号（104 Silom Soi 4）·地图P5

10 织女星（Vega Café）
女同志俱乐部，周末人很多。⊕素克威39巷（Sukhumvit Soi 39）·地图T6

登录traveldk.com推荐你钟爱的酒吧

国家剧场排演　　　　　暹罗剧院　　　　　帕拉瓦蒂剧院

十大娱乐场所

1. 乔·路易斯木偶剧院（Joe Louis Puppet Theatre）

想观看活灵活现的木偶表演，来这里准没错，每晚上演印度史诗《摩诃罗乾》（Ramakien）里的故事。三位木偶艺人都是经过专业训练的舞蹈如生，可爱的木偶在他们的手中栩栩如生，演出时长60分钟。⊙桑伦夜市（Suan Lum Night Bazaar）·地图R4·（02）2529683-4·每晚8点开演·凭票入内·www.thaipuppet.com

乔·路易斯木偶剧院

2. 暹罗剧院（Siam Niramit）

专为游客建造，极具泰国特色，如梦似幻。运用高科技特效，百名演员身着五彩华服出演，打造古代暹罗文化民俗，呈现视觉盛宴。⊙天卢密路19号，拉卡达剧院（Ratchada Theater, 19 Tiam Ruammit Road）·地图T5·（02）649 9222·每晚8点开演·凭票入内

3. 国家剧场（National Theatre）

每月最后一个周五上演泰国传统戏剧和古典舞蹈，令人耳目一新。古典舞蹈由男性舞者表演，身着华丽服装，头戴假面具。泰国现代戏剧也在此上演。⊙拉金路（Rachini Road）·地图B3·（02）224 1342·凭票入内

4. 帕拉瓦蒂剧院（Patravadi Theatre）

泰国重要的舞台艺术表演场所之一，不仅扶持植根泰国传统文化的作品，也欢迎富含国际元素的作品。泰国家喻户晓的明星帕拉瓦蒂（Patravadi Mejudhon），集舞蹈演员、制片人、导演于一身，创立这家剧院。下属艺术9厅（Studio 9 Art Space）为餐宴剧院。⊙吞武里拉康寺巷69/1（69/1 Soi WatRakhang, Thonburi）·地图A4·（02）412 7287-8·餐宴剧院周一至周六7；30pm·www.patravaditheatre.com

5. 西隆乡村酒店（Silom Village Inn）

这里上演多姿多彩的泰国舞蹈、泰拳，同时，还有一顿晚餐。就表演水准和饭菜品质，晚间到这里消遣还不错。⊙西隆路（Silom Road）·地图N5·（02）234 4448·室内表演和晚餐8：20pm-9：15pm（每天）·凭票入内

6. 泰国文化中心（Thailand Cultural Centre）

曼谷主要的国有舞台表演场所，曼谷交响乐团所在地。一年一度的国际舞蹈音乐节在这里举行。外国艺术家的世界巡演也在这里举办，所以要查询演出信息。⊙拉卡达披斯路（Rachadaphisek Road）·地图T5·（02）247 0028·www.thaiculturalcenter.com

餐宴剧场提供晚餐和舞台表演，即用餐的同时可以欣赏舞台表演

7 莎拉瑞南餐厅（Sala Rim Nam）

是个餐宴剧场，由东方文华酒店（见79页）经营，内部设备专门定制，传统泰国舞蹈表演美美，餐食精致。虽然价格偏高，但让人感觉余味无尽。☏ 东方文华酒店·（02）437 3080·午餐：12pm–2pm（每天）；餐宴剧场：每天7pm–10pm；表演：每天8:30pm–9:30pm·www.mandarinoriental.com

卡里普索人妖秀场

8 卡里普索人妖秀场（Calypso Cabaret）

泰国人妖歌舞表演独具特色。秀场演员迷人妖娆，身穿奢华多姿演出服，跟着播放的流行歌曲对口型，还摆出撩人姿态供人拍照。☏ 披耶泰路296号，亚洲酒店（Asia Hotel）·地图P1·（02）653 3960-62·表演：每天8:15pm，9:45pm·凭票入内·www.calypsocabaret.com

9 拉察丹嫩拳击馆（Ratchadamnoen Boxing Stadium）

晚上很值得到这里观看泰拳（见54页）表演。一方面，拳击手在场上又踢又打让人热血沸腾；另一方面，可以见识一下，在比赛当中泰国观众激动难挡的情绪；再加上，每个回合前，拳击手件者哭嚎一般的乐器，跳起奇异的舞蹈。你一定能感受到极具异域、东方色彩的娱乐夜生活。☏ 拉察丹嫩诺路1号（1 Ratchadamnoen Nok Road）·地图E2·（02）281 4205·比赛：周一、周三、周四6:30pm–11pm；周日5pm–8pm和8:30pm至午夜·凭票入内

10 莎拉察勒昆皇家剧院（Sala Chalermkrung Royal Theatre）

1933年拉玛七世（Rama Ⅶ）建造，是泰国第一座计划放映"有声照片"的剧院。如今，这里上演泰国古典舞蹈；歌手和音乐家举行现场演出。☏ 察伦昆路（Charoen Krung Road）·地图C5·（02）222 0434·古典舞蹈：周五、周六8:30pm·www.salachalermkrung.com

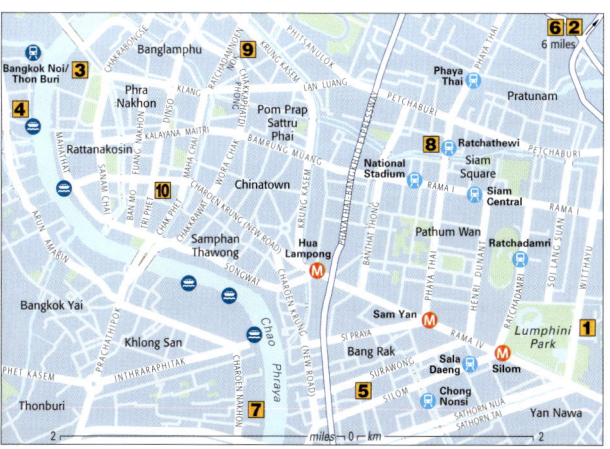

曼谷玩偶博物馆

曼谷天文馆

TOP10 十大儿童乐园

1 赛福瑞野生世界（Safari World）

这里是孩子们的乐土，分为密林探险区、海洋公园、赛福瑞野生动物园、间谍战区。表演也是精彩纷呈，有猩猩拳击秀、好莱坞牛仔特技秀、海豚秀、禽鸟秀、海狮秀。❀明汶里区，拉明达路99号（99 Ramindra Road, Minburi）·地图U4·（02）518 1000·每天9am-4：30pm开放·凭票入内·www.safariworld.com

2 儿童探索博物馆（Children's Discovery World）

对天性充满好奇的孩子来说，这里是真正的天堂。他们可以动手实践，比如自己制作电视节目，还可以了解海底世界、观看木偶表演。❀坎蓬披路，诗丽克皇后公园（Queen Sirikit Park, Kamphaenphet Road）·地图T5·（02）615 7333·周二至周五9am-5pm，周六、周日10am-6pm·www.bkkchildrenmuseum.com

儿童探索博物馆

3 律实动物园（Dusit Zoo）

建造于100年前，当时拉玛五世（Rama V）（见34页）游历欧洲，那里的动物园让他印象深刻，他还意识到动物园具有教育参观者的功用。如今，律实动物园饲养着所有的大型哺乳动物——狮子、老虎、大象、熊、河马、爬虫和色彩斑斓的鸟类。园内的活动项目引人入胜：儿童游乐、骑大象、湖面泛舟、凉亭休憩、树荫野餐。❀拉玛五世路77号（77 Rama V Road）·地图F1·（02）282 7111·每天8am-6pm·凭票入内

4 曼谷玩偶博物馆（Bangkok Dolls Museum）

1956年腾凯妲墨（Tongkorn Chandavimol）到日本参观，被那里不同年代、来自世界各地的千姿百态的玩偶所吸引，回国后创建了这所博物馆。馆内陈列的玩偶来自世界各个角落，也有馆主的个人收藏。参观者可以花上400~500泰铢购买。馆址比较隐蔽，不过花点工夫也值得。❀拉卡帕罗普墨棱巷85号（85 Soi Mo Leng, Ratchaprarop Road）·地图T5·（02）245 3008·周一至周六8am-5pm·免票

5 曼谷天文馆（Bangkok Planetarium）

宇宙苍穹寓于天文馆宏伟的穹顶设计之中。展区分为太空之旅、天文学历史发展、星球生命、太阳系，还有单独的电脑科技区和水族馆。参观至少需要半天时间。❀素克威路928号（928 Sukhumvit Road）·地图T6·（02）392 5951-5·周二至周日9am-4：30pm·凭票入内·www.bangkokplanetarium.com

暹罗公园（Siam Park）

6 位于曼谷市郊的水上游乐园，将主题项目融为一体。水上公园有高速滑梯、螺旋水上滑梯、海浪泳池。游乐园有迷你旋转木马、天鹅船，以及其他惊险刺激的游乐项目。主题公园里有侏罗纪花园探险和微缩火车。卡纳雅区，瑟瑞泰路99号（99 Seri Thai Road, Kanna Yaow）·地图U5·(02) 919 7200-5·每天10am-7pm·凭票入内·www.siamparkcity.com

梦幻世界

梦幻世界（Dream World）

7 整座主题公园分成梦幻世界广场、梦幻园、幻想园、探险园。观光小火车贯穿梦幻园，这里修建了世界著名景点的模型，比如中国的长城、印度的泰姬陵。拉斯恩卡拉路（62 Moo 1, Rangsit Ongkarak Road）·地图T2·(02) 533 1152·周一至周五10am-5pm, 周六、周日10am-7pm·凭票入内

兰比尼公园（Lumphini Park）

8 公园名称取自释迦牟尼在尼泊尔的出生地；曼谷市中心唯一一座大公园。尽管有时游人有点儿多，但是环境宜人；树木葱茏、绿草如茵、湖景美不胜收。（见80页）

暹罗海洋世界（Siam Ocean World）

9 泰国最新建成的景点之一，设施一流，位于暹罗广场。分为七个主题区，包括海底珊瑚礁区、生物海洋区、岩石海岸区。可以乘坐玻璃船、潜水或鲨鱼嬉戏、喂食企鹅和鲨鱼，或者观看奇异的美人鱼表演。拉玛一世路，暹罗购物广场地下（Basement, Siam Paragon, Rama I Road）·地图P2·(02) 687 2000·每天9am-10pm开放·凭票入内·www.siamoceanworld.co.th

毒蛇研究所（Snake Farm）

10 1923年成立，原为巴斯德研究院（Pasteur Institute）·圣瓦巴皇后纪念学院（Queen Saovabha Memorial Institute）。后以毒蛇研究所著称，现由红十字会管理。每天上午11点，可参观工作人员抽取眼镜蛇、蝮蛇毒液，每周末下午2:30加抽毒液一次。勇敢的游客可以将蛇环绕在脖子上照相留念。（见81页）

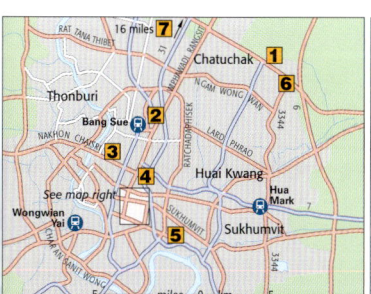

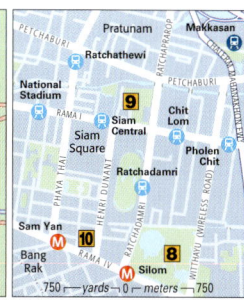

华人春节舞狮

宋干节

TOP10 十大节日

1 河节
1月底或者2月初,持续两周,为纪念昭披耶河而设立;庆祝活动每晚举行,在水上体育场或者豪华游艇上可以观看赞美泰国历代英雄人物的歌舞、戏剧、影片。◎大王宫前的昭披耶河·地图B4·(02)6235500转1120-22·表演7pm、9:15pm开始·凭票入内

4 宋干节
4月中旬,泰国最热闹的传统年节,俗称泼水节。人们相互泼水,甚至会向路人泼水;泼水象征着洗尘迎新。也许是出于好奇,外国游客很喜欢这个节日。◎全国·www.tat.or.th/festival

大王宫旁传统的驳船

5 国际舞蹈音乐节
1999年以来,曼谷最重要的艺术节,每年9、10月间在泰国文化中心(见44页)举行。泰国本土最优秀及世界各地的艺术家会聚于此,以表演歌剧、芭蕾、古典音乐为主,当然,也会呈现爵士乐和现代舞。

2 华人春节
1月或者2月,持续一周,泰国华人舞狮、燃放烟花爆竹,还到寺庙里参加五彩纷呈的庆祝活动。大多数中国人经营的商店会歇业一周。◎中国城

6 皇家耕种大典
每年5月初举行,泰国历史最悠久的庆典之一,标志着新的种植季节开始,祈求稻谷丰收。神圣的白牛在大王宫(见8~9页)附近的皇家田广场(Sanam Luang)(见63页)进行耕地仪式,而后广场撒上被国王祈福的稻种,典礼结束,农民涌去收集稻种,播在自家的稻田里。

3 万佛节
2月或者3月满月之际,庆祝释迦牟尼向1250名僧侣首次诵经讲道,开始传播佛法(Dhamma)。节日当天,善男信女绕佛塔一周、燃烛、上香、点莲花。◎全国

Dhamma:"达摩",佛教的一个概念,指通往自我超脱之法

7 水灯节

一般在11月举行，敬奉水龙王风调雨顺、收成大好。夜晚人们燃放烟花，把小巧精致的水灯放入河中。
◎ 全国

水灯节

8 金山寺庙会

泰国的庙会很像西方的乡村游乐会。金山寺（见64页）庙会在水灯节前后举办，气氛热烈；临时搭建的舞台上，有人又唱又跳又演，孩子们乐得手舞足蹈。

9 国王诞辰

12月5日，也为父亲节，举国同庆，当天游客会有幸目睹泰国人民对君主的恭敬与爱戴。街道装饰一新，大王宫上空火树银花，音乐家、歌手在皇家田广场（见63页）共同献艺。

10 曼谷爵士音乐节

从2003年开始，每年12月举办，为期三天，吸引了众多国际明星和泰国顶尖艺术家。泰国国王是杰出的萨克斯演奏家、作曲家，也是爵士迷，举办音乐节是向他对爵士的热爱表示崇敬。◎律实大厦（Dusit Palace）·地图E1

十大国内节日

1 清迈花节
节日期间，举行花车游行。◎2月第一个周末

2 东盟斑鸠节
东南亚各国斑鸠迷齐聚雅拉（Yala），参加斑鸠咕咕叫比赛。◎3月第一周

3 芭堤雅音乐节
泰国以及世界各地的音乐家来到这里表演嘻哈、摇滚、爵士和休闲音乐。◎3月

4 波伊善隆节
泰国掸放节日，年轻佛教信徒穿戴如王子一般，在街道上游行。◎4月第一个周末

5 火箭节
泰国东北部，特别是在亚索通府（Yasothon），人们燃放自制烟火，祈求降雨。◎5月

6 华欣爵士音乐节
这个海滩节日吸引了很多大腕。◎6月

7 鬼脸节
丹赛（Dan）居民装扮成妖魔鬼怪，度过这个疯狂而又精彩的节日。◎6月/7月

8 九皇斋节
斋戒活动不同寻常，为期9天，很多民众参与其中。◎10月

9 拉纳船赛
守夏节结束时在难府（Nan Province）举行，热闹非凡。◎10月/11月

10 大象节
在泰国东北部素林（Suri）举行，活动包括大象比赛和游行，声势浩大、场面壮观。◎11月

乔姆堤海滩

十大曼谷周边海滩

华欣（Hua Hin）

1 泰国最古老的海滩旅游胜地；1926年，皇室在此建造夏宫后，备受人们青睐。海滩5公里长，很适于漫步或者骑在马背上闲逛；不过阴凉处太少，而且海湾水浅，游泳不够畅快。华欣火车站承载着昔日的点滴，站前拱柱呈章鱼状，极具泰国建筑特色。一年一度的华欣爵士音乐节（见49页）吸引了很多人。曼谷西南190公里·地图S3

七岩（Cha Am）

2 从曼谷到七岩，比与华欣近一些，但来的人却没那么多。海滩温柔静谧，绿树成荫，泰国家庭、学生常常光顾这里，当然现在也开始吸引更多的外国人入住海边高耸的酒店。虽然可以下海游泳，但有时海水不够清澈。曼谷西南161公里·地图S3

席昌岛（Koh Si Chang）

3 小岛与泰国湾东海岸相距8公里，外国人少有光顾。这里景色宜人：海湾僻静平和；海水清亮见底；岩石陡峭，适于探险；拉玛五世的宫殿保存完好；住宿条件也不错。潭邦海滩（Tham Phang Beach）最受欢迎。曼谷东南99公里·地图U3

芭堤雅海滩（Pattaya Beach）

4 距离曼谷本土海岸最近，从素旺那普（Suvarnabhumi）国际机场乘机到这里，非常便捷。虽然海滩沙质细腻，名声远扬，但这里丰富的夜生活更是尽人皆知。绵延的海岸线、花样繁多的水上活动，也是芭堤雅的骄傲。有小贩在沙滩上游卖海鲜食品和冷饮。曼谷东南165公里·地图U3

芭堤雅海滩

那库阿海滩（芭堤雅）[Naklua Beach（Pattaya）]

5 位于芭堤雅市北部，芭堤雅三大宁静海滩之一，虽有住宅开发，但还保留着渔村的风貌，非常迷人。大饭店不多，不过，渔村有几家海鲜饭馆。真理寺（Sanctuary of Truth），全部由木头建造，雕刻精细；将海滩美景尽收眼底。曼谷东南165公里·地图U3

乔姆堤海滩（芭堤雅）[Jomtien Beach（Pattaya）]

6 芭堤雅最南端的海滩，尽管岸边酒店林立，但依然比较宁静。沙滩狭长

前两页图片：昭披耶河上的皇家驳船

绵延14公里，游客可以尽享日光浴。这里是泰国顶级的风浪板胜地；其他项目还有滑水、水上降落伞、潜水。而且几座高尔夫球场就在附近。◎曼谷东南165公里·地图U3

9 烛光湾（沙美岛）[Ao Thian（Koh Samed）]

这里，在通电之前，家家户户烛光摇曳，海滩由此得名。如今，山坡上建起了酒店，空调设施完备；还好，沙滩的名字还能唤起人们对过去悠然闲适生活的回忆。巨大、光滑的鹅卵石点缀着狭长的海湾，使这里独具特色。◎曼谷东南200公里·地图U3

钻石海滩美人鱼雕像

7 钻石海滩（沙美岛）[Hat Sai Kaeo（Koh Samed）]

沙美岛离曼谷不算太远，是个近海岛屿；海水清澈碧绿、沙滩细腻雪白，美不胜收。岛上最长的海滩当属钻石海滩；前往这里最为便利；由于有许多度假胜地，吸引了很多游客，也最为热闹。最好避开周末，因为酒店爆满，订不到房间。◎曼谷东南200公里·地图U3

10 天堂湾（沙美岛）[Ao Prao（Koh Samed）]

沙美岛西海岸唯一的海滩，已经被征用建成着华的度假胜地。小岛十分狭窄，住在东海岸，步行到西海岸，就可以赏日落。这里有个潜水中心，也提供游船项目。◎曼谷东南200公里·地图U3

8 月亮湾（沙美岛）[Ao Wong Deuan（Koh Samed）]

位于前往沙美岛东海岸的途中，海岛第二大沙滩。每天有几趟渡轮从罗勇（Rayong Province）的班波（Ban Pheo）码头驶来。数家酒店颇有特点，十分吸引人；除了中心区有一些酒吧，这里比沙美东海滩还要宁静。◎曼谷东南200公里·地图U3

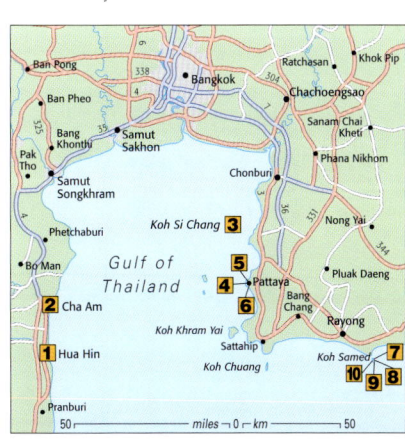

中天高尔夫　　　　　　　　　　　　　正在进行的藤球比赛

十大体育休闲项目

1 泰拳

近年来，在西方年轻人中特别火暴，很多人利用到泰国度假之际，在馆中苦练泰拳。如果你不想打泰拳的话，晚上去拉察丹嫩拳击馆（见45页）观看比赛，一样可以感受这种独具泰国特色的文化和体育运动。

比赛在皇家田广场举行；当然，公园、任何一片空地也都可以。

4 高尔夫球

高尔夫球运动深受游客喜爱。原因在于，曼谷具备国际高水准球场，风景如画；可以租用球具，场地费用合理；服务周到热情。曼谷有好几家高尔夫球场，交通便利。

泰拳

2 赛马

曼谷有两家赛马场：皇家赛马俱乐部（Royal Turf Club）（RTC）、曼谷皇家体育俱乐部（见82页）。比赛每两周一次，周日在两家赛马场交替举行。赌资最少50泰铢。可以在轻轨萨班塔克辛站（Saphan Taksin）鸟瞰曼谷皇家体育俱乐部。◎皇家赛马俱乐部（RTC）：披山诺路（Phitsanulok Road）·地图F2·（02）2800020-9·凭票入内

5 保龄球

打保龄球是跟朋友玩乐、度过下午或者晚间时光的最佳活动。虽然有点儿挑战，但不会消耗太多的体力。曼谷大多数购物中心顶层都设有保龄球道，有些还配备了卡拉OK、舞台灯光。

6 网球

斯里查潘（Paradorn Scrichaphan）是泰国网坛英雄，受到他辉煌战绩的影响，网球运动在泰国流行开来。最好在清晨或者傍晚打网球，这样，可以避开高温酷热。大酒店均有内部网球场。在国家体育场（National Stadium）和卢比尼公园（见80页）有对外开放的网球场。◎国家体育场：拉玛一世路154号（154，Rama I Rd）·地图N2·（02）214 0120

3 藤球

这样形容藤球最为形象：用脚踢的排球。藤球运动非常好看，球员先做出高难杂技动作，然后把球踢过网。

7 溜冰

最让游客意想不到是，在这样一个热带国家旅游，还能溜冰。曼谷郊区有好几家溜冰场。教练都有资格证书，随时可以指导初学者。◎零下（Sub Zero）：拉卡达披斯路，艾斯普拉内（Esplanade, Rachadaphisek Road）·地图 T5·（02）354 2134·每天11am至午夜·凭票入内

8 游泳

跳到泳池里，又清凉，又爽快。中高档酒店都配有游泳池；国家体育馆、体育中心、朱拉隆功大学（见82页）的游泳池对外开放。

9 武术

在泰国，可以学习各种武术，比如：泰拳、跆拳道、柔道、空手道，最受推崇的当属太极拳。清晨和傍晚，当地人很喜欢聚在一起练太极，想加入他们，就去兰比尼公园（见80页）。

清晨人们在一起打太极

10 斯诺克台球

自从詹姆士·瓦塔纳（James Wattana）跻身斯诺克世界前列，台球立刻受到泰国人的追捧。全国几千家台球俱乐部，曼谷就有几百家。球桌普遍维护得比较好，随时可以租借球杆，价格很公道。

十大体育活动

1 国际风筝节
既有个人比赛项目，也有团体项目。还能见到很多奇异风筝。◎华欣·3月

2 清迈板球赛
比赛很有趣味，时常有知名人士前来。4月

3 苏梅岛帆船赛
亚洲最重要的帆船赛事之一。◎5月/6月

4 普吉岛马拉松赛
每年都吸引几千名运动员参赛。◎6月

5 国际山地自行车赛
自行车手围绕普密蓬水库（Bhumibol Dam）翻山越岭。◎达府（Tak）·8月

6 泰国网球公开赛
世界性网球锦标赛，比较受欢迎。◎曼谷·9月

7 国王杯大象马球锦标赛
绝妙之处在于，比赛时，大象和驯象师在场上追着球跑。◎金三角（Golden Triangle）·9月

8 春武里水牛竞赛
一年一度农民骑在水牛背上赛跑，场面热烈。◎10月

9 普吉岛铁人三项赛
参赛者要经过游泳、自行车、跑步的考验，极具挑战性。◎12月

10 泰王杯帆船赛
开始于1987年，已经成为亚洲首屈一指的国际帆船赛事，奖品为游艇。◎普吉岛·12月

曼谷十佳——前十名排行榜

悦榕水疗中心

东方文华水疗中心,东方文华酒店

十大健康水疗

1 Mspa旗下的水疗中心(Spa by Mspa)

曼谷最奢华的水疗中心之一。有两个私人套房、多种单人房;美甲、足疗一应俱全。中心设计非同寻常,将拉那风格和摩洛哥风格巧妙地融为一体。❀拉察丹利路,四季酒店(Four Seasons Hotel, Ratchadamri Road)·地图Q3·(02)250 1000·每天10am-10pm营业

Mspa旗下的水疗中心,四季酒店

2 东方人水疗中心(Orientist Spa)

共有三家分店,位于中心世界(Central World)的一家交通最为便利。这里推出水疗套餐,比如东方人神怡(Orientist Refreshing)、东方人天堂(Orientist Paradise)。东方人天堂水疗三小时,含身体去脂质和香氛疗法。❀拉察丹利路,中心世界购物中心·地图Q2·(02)613 1577-8·每天10am-10pm营业·www.theorientistspa.com

3 悦榕水疗中心(Banyan Tree Spa)

华美、时尚,位于榕树酒店(Banyan Tree)39层,可以观赏迷人城市景色,水疗项目包括:按摩、去脂质、美容、身体沐浴。悦榕日(Banyan Day)推出的组合疗法长7小时,马拉松一般,几乎涵盖了所有服务项目。❀萨通路,悦榕酒店(Banyan Tree Hotel, Sathorn Road)·地图Q5·(02)679 1052-4·每天9am-10pm营业

4 东方文华水疗中心(Oriental Spa)

将亚洲古老的保健理念与西方先进的技法有机融合,让你体验身心的平和。这里传统的柚木建筑是最理想的水疗场所,享受"消除时差按摩"、鲜花面膜、东方文华泥敷,让你彻底松弛、舒缓。❀东方文华酒店(Oriental Hotel)·地图M5·(02)659 0444·每天9am-10pm营业

5 气,水疗中心(Chi, The Spa)

设计风格以西藏寺庙为蓝本,简直就是一座宁静的圣殿。"气",中文术语,维持人类机体、生命的原动力;这里所有的疗法都是为了养"气"。九座宽敞的水疗房,可以看到淙淙流水,并配备有按摩浴池、草药蒸汽浴、休息区和更衣室。❀香格里拉饭店(Shangri-La Hotel)·地图M6·(02)236 7777·每天10am至午夜营业·www.Shangri-La.com/en/corporate/chi

6 阿南达水疗中心(Ananda Spa)

Ananda,梵文,意为喜悦、祥和,这也正是水疗中心尽力为客人营造的氛围。这里提供的水疗项目多种多样,最受欢迎的是阿南达静修套餐,含药全身洁肤、按摩、面部护理。❀素

克威11巷和24巷（Sukhumvit Soi 11&24）·地图T6·11巷（02）255 7200；24巷（02）661 1210·每天9am-10pm营业·www.anandaspa.com

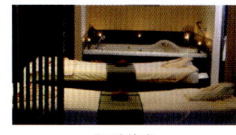
阿玛林宫

压。◎素克威31巷64号（64 Sukhumvit Soi 31）·地图T6·（02）262 2122·每天10am-10pm营业·www.bangkokoasis.com

7 迪瓦纳水疗中心（Divana Spa）

位于一所被热带花园环抱的建筑里，设施豪华气派，自称为水疗中的精品，水疗内容丰富，其中包括"纤美去脂系列"。用于全身洁肤的原料大部分是有机培育而成。◎素克威25巷7号（7 Sukhumvit Soi 25）·地图T6·（02）661 6784-5·每天11am-11pm营业·www.divanaspa.com

9 丽雅娜水疗中心（Leyana Spa）

日常式水疗中心，坐落在葱茏的热带花园内。水疗项目令人眼花缭乱，有按摩、面部护理、全身洁肤、全身敷裹，还推出了半日套餐和全日套餐。水疗中心选用热带水果，如酸角、柠檬，全身洁肤；芳香精油按摩。◎通罗13巷33号（33 Thonglor Soi 13）·地图T6·（02）874 4461·每天11am-10pm营业·www.leyanaspa.com

迪瓦纳水疗中心的洁肤原料

8 绿洲水疗中心（Oasis Spa）

一家日常式水疗中心，设在一座大花园，园中鸟儿鸣唱，幽静恬适，提供如下系列："绿洲四手按摩"，即两位按摩师一起完成按摩；"绿洲之王"，包含泰式按摩、推油和热

10 常来水疗中心（Spa I Am）

大型日常式水疗中心，位于市中心北段，拥有20间按摩房、两套水疗房、一套鸳鸯房、一间美容室，还有健身房和快餐厅。服务项目包括石头法按摩、全身泥膜、面部紧致护理。◎拉宝18巷88号（88 Ladphrao Soi 18）·地图T4·（02）938 4888·每天10am-10pm营业·www.spaiam.com

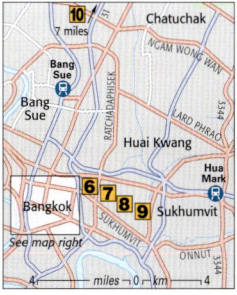

素泰寺青铜塑像　　博闻尼威寺　　　　　　　　　大理石寺

十大佛寺

1 玉佛寺（Wat Phra Kaeo）

很多游客觉得，参观玉佛寺，是曼谷之行的重头戏，因为可以亲眼目睹瑰丽的佛教艺术、佛教建筑典范。内有金碧辉煌的佛塔、藏经殿、骨灰堂，以及泰国国宝——小玉佛像。（见8~11页）

2 卧佛寺（Wat Pho）

曼谷规模最大、历史最悠久的寺院，一尊46米长的卧佛最为引人注目。寺内有和尚居住，因此在泰国人心中，要比玉佛寺更具代表性。卧佛寺的按摩学校也深受欢迎。（见14~15页）

3 黎明寺（Wat Arun）

又名郑王庙，是曼谷的标志性建筑。寺院设计深受高棉建筑风格影响，非常独特，中央主塔高耸入云，周围四座小塔相陪。1767年至1782年间，黎明寺享有极高的荣耀，那时玉佛像还没有转移到玉佛寺，而是安放这里。黄昏时分从昭披耶河对岸远眺黎明寺，景色最佳。（见26~27页）

4 玛哈泰寺（Wat Mahathat）

蒙库王子（Prince Mongkut）登基前，在玛哈泰寺出家27年（见34页）。玛哈朱拉隆功佛教大学（Mahachulalongkorn Buddhist University）和禅修中心坐落在玛哈泰寺。◎玛哈泰路（Mahathat Road）·地图B3·（02）221 5999·每天7am-8pm开放

5 大理石寺（Wat Benjamabophit）

曼谷城建造的最后一座主要的寺院，西方游客称之为"大理石寺"，因为寺内有一座意大利卡拉拉（Carrara）大理石正殿。回廊中摆放着50多尊佛像，手势各异。其中一尊最为重要，是泰国北部彭世洛（Phitsanulok）辛纳瑞特金佛像（Phra Buddha Chinarat）的复制品。（见90页）

6 素泰寺（Wat Suthat）

泰国最重要的寺院之一，建于19世纪初，有一尊从素可泰（Sukhothai）运来的青铜佛像，高8米；佛像安放在佛堂，四周壁画五彩斑斓，佛堂回廊有150尊佛像。大秋千曾在婆罗门仪式中使用，现矗立在寺前。（见65页）

黎明寺正殿

7 博闻尼威寺（Wat Bowoniwet）

该寺于1826年建造，因暹罗国王、泰国国王来这里修行，加之是泰国佛教总部而声名显赫。⊙披素门路240号（240 Phra Sumen Road）·地图C2·（02）280 0869·每天8am-5pm开放·www.watbowon.org

金山寺附近的金山

8 金山寺和金山（Wat Saket and the Golden Mount）

18世纪末，拉玛一世建造，寺内壁画精美，氛围祥和。人们来这里最主要的原因在于，登上人工假山76米高的金山寺山顶佛塔，鸟瞰曼谷老城建筑。（见64页）

9 金佛寺（Wat Traimit）

寺院看上去并不起眼，可游客络绎不绝，因为这里有一尊纯金铸造的实心佛像，素可泰风格，高3米多。（见73页）

10 云石寺（Wat Rachabophit）

19世纪末由拉玛五世建造，融合了泰国和西方建筑特色。佛塔高43米，回廊环绕；佛堂和正殿很像意大利哥特式教堂。⊙方那功路（Fuang Nakhon Road）·地图C4·（02）221 1888·每天5am-8pm开放·正殿：每天9am-9:30am；5:30pm-6pm开放

泰国寺院十大元素

1 佛堂
佛寺总住持在大佛堂中诵经讲道，人们在此礼拜。

2 正殿
举行法会的场所，通常比佛堂小一些；装饰华美；女人不得进入。

3 佛塔
呈圆顶形，塔基收藏着遗物。

4 菩提树
象征大彻大悟；当年释迦牟尼就是坐在菩提树下涅槃成佛。

5 藏经阁
收藏着佛经典籍，为防水淹，建造时常与地面有一定距离。

6 僧房
僧侣居住在这里，通常为高脚木屋。

7 壁画
描绘了释迦牟尼的生平事迹和泰国日常生活百态。

8 佛像
最为重要的佛像安放在佛堂，其他站佛、坐佛放置在正殿或者回廊。

9 和尚
遵从佛教戒律的修行之人，也为凡夫俗子答疑解惑。

10 沙弥
初出家的年轻小和尚。

泰国男子都要出家当和尚，时间不限；如父母在世时，未出家，父母一方过世后，就要出家

分区逍遥游

老城区
62~69

中国城
72~77

市中心
78~87

大曼谷区
88~95

曼谷周边
96~99

曼谷十佳

卧佛寺　　　通往金山寺的台阶　　　艾弥利市场的护身符

老城区

老城区（Old City）是曼谷历史与宗教的心脏。1782年，昭披耶查克利，即拉玛一世，登上王位后，首先在昭披耶河东岸的狭长地带开凿运河，建成小岛，赶超旧都阿育塔雅。这座小岛名为拉塔那古辛（Rattanakosin），渐渐为人所熟知；如今，小岛及其以东地区就是老城区；这里矗立着王室曾经居住的大王宫、收藏稀世玉佛的玉佛寺，很多其他重要的寺院、博物馆、大学，还有常常举行皇家仪式活动的皇家田广场。

十大景观

1. 大王宫和玉佛寺
2. 卧佛寺
3. 皇家田广场
4. 国家博物馆
5. 运河游
6. 国柱神庙
7. 艾弥利市场
8. 金山寺和金山
9. 素泰寺
10. 钵盂村

金山寺

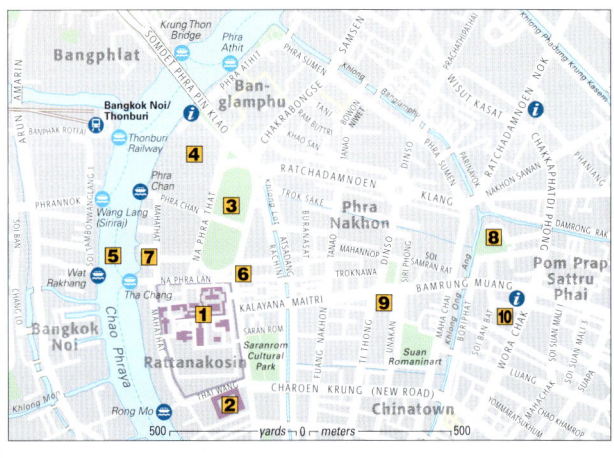

前两页图片：克立（M.R. Kukrit）故居

大王宫和玉佛寺

1 位于拉塔那古辛岛的正中,亚洲最让人难以忘怀的景点之一;了解泰国建筑和艺术的最佳窗口。宫殿深受意大利文艺复兴时期建筑风格影响;但是寺院具有纯粹的泰国特色;高耸的正殿安放着玉佛,尖顶佛塔一座接着一座,拉玛坚壁画装饰着佛寺走廊。这里会给游客留下难以磨灭的印象。
(见8~11页)

皇家田广场

3 曼谷街道拥堵、高楼林立、人口密集,却拥有这样一座大型的开阔广场,真是让人诧异。广场地位崇高,主要用于举行皇家仪式,比如皇家火葬仪式,因此不会被开发建成办公楼或者大型商场。每年2月到4月间,微风习习,人们来到这里放飞风筝;算命先生也常在广场边上拉客揽活。
那披兰路(Na Phra Lan Road)·地图B3

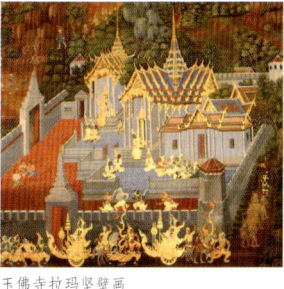

玉佛寺拉玛坚壁画

卧佛寺

2 全称切图鹏寺(Wat Phra Chetuphon),曼谷历史最悠久、占地面积最大的寺院,深受欢迎的研习中心,尤其以学习传统按摩技巧而驰名。尽管寺内名胜古迹装饰华美、佛像栩栩生辉,让游客难以忘怀,其卧佛寺的魅力更需细细品味。经过一番大修,凸显沧桑与雄壮。虽然寺内的主要景点是位于寺内西北角佛堂、长46米的卧佛,但是到寺内其他僻静的地方走走看看,同住寺和尚、学童、学习按摩的人闲聊一会儿,也是乐趣无穷。
(见14~15页)

国家博物馆

4 位于拉塔那古辛岛北端,泰国艺术宝库,全方位地展现了泰国艺术成就(见12~13页)。展品种类繁多,有1000多年历史的达瓦剌瓦蒂雕塑、奢华的葬礼轮车、赏心悦目的浮屠沙旺佛堂,而且佛堂内有一尊普拉锡盈佛像,地位仅次于玉佛寺的玉佛像。

达瓦剌瓦蒂法轮

泰国的神灵

国柱神庙、艾弥利市场、土地堂（专门供奉房屋所在的土地神的地方）均为泛神建筑，这说明泰国的宗教信仰并非只局限于佛教。其实，佛教在泰国如此兴盛，很大程度上在于能融合印度教等其他宗教信仰。

5 运河游

许多游客来到曼谷都要乘船游览。一方面，感受一下使用汽车之前的水上交通方式；另一方面，看一看河岸沿途的传统生活。有些酒店、宾馆组织游船项目，可以通过他们安排游览行程，很方便。也可以去主要的码头，和船家协商价格，量身定订游览路线。（见16~17页）

8:30am–5:30pm 开放

7 艾弥利市场（Amulet Market）

泰国人深信，佩戴小佛像、国王像，甚至虎牙可以驱邪免灾。因此看到人们在脖子上挂一串这样的护身符，稀松又平常；有些人还收集护身符，十分狂热。想见识一下人们表现出来的对护身符的信仰，来艾弥利市场，再合适不过了，市场就坐落在玛哈泰寺附近的街道上。护身符物件虽小，有意购买的顾客会用放大镜仔细查看，并且询问卖家，搞清它的特性。◎玛哈泰路和几条小巷（Mahathat Road and Small Lanes）·地图B4·每天8am–6pm开放

国柱神庙

6 国柱神庙（Lak Muang）

神庙存放着1782年拉玛一世竖立的曼谷市柱，人们相信城市守护神披暹罗特瓦迪拉（Phra Siam Thewathirat）附在柱子上。神庙里还存放着吞武里市柱，现在，吞武里属于大曼谷区。两根柱子均为莲花顶，木柱，漆成了金色。这里膜拜者络绎不绝；有时好运者为表谢意，出资请人在神庙表演古典舞蹈。◎拉卡丹嫩路和国柱神庙路拐弯处（Corner of Ratchadamnoen and Lak Muang Roads）·地图C4·每天

8 金山寺和金山（Wat Saket and the Golden Mount）

18世纪晚期，曼谷建都之初建造的首批寺院之一，当时用于普通百姓火葬。寺内佛堂壁画精美。这里最吸引人的莫过于走320级台阶，登上76米高的人工假山，金色覆钟形佛塔耸立在山顶，可以俯瞰老城景色。每年11月举办庙会（见49页），人们点燃蜡烛列队登上山顶，别具特色。◎查卡帕蒂蓬344号（Chakkaphatdi Phong）·地图E3（金山寺）；地图D3（金山）·（02）223 4561·每天8am–5pm开放·凭票入内（金山）

素泰寺

素泰寺（Wat Suthat）
9 1807年，拉玛一世（1782—1807年在位）开始建造，继位国王建造完毕，曼谷最重要的寺院之一。寺前矗立着大秋千，曾在婆罗门仪式中使用。寺内有一座曼谷最高的佛堂，专门安放一尊高8米、14世纪素可泰风格的佛像；佛堂壁画巧夺天工。寺院空地上有四只青铜骏马，活泼可爱。◎般伦木安路146号（146 Bamrung Muang Road）·地图D4·(02)224 9845·每天8:30am-5:30pm开放·凭票入内

钵盂村（Soi Ban Baat）
10 钵盂（施舍的饭碗）是和尚仅有的少量财物之一。每天清晨，虔诚的善男信女往钵里盛满饭菜。这些钵盂大部分产自工厂，但是在钵盂村，仍有一些以户为单位的作坊，手工打制钵盂。依照传统，这里的钵盂由8条金属片制成，代表佛教的八正道。首先，在室内焊接，然后成形、打磨，最后再烧制。◎波里帕路，钵盂村（Soi Ban Baat, Boriphat Road）·地图D4

逛老城

上午

第一站金山寺，登金山，赏老城全景。沿波里帕路（Boriphat Road）南行，抵钵盂村，参观钵盂的手工打制。返回波里帕路，左行至般伦木安路（Bamrung Muang Road）（见66页），这里的商店出售佛像和寺庙用品。看到大秋千后，进素泰寺，欣赏精美雕刻、绝伦绘画。继续沿般伦木安路西行，准备用午餐。行至达瑙路（Tanao Road）右拐，找一条名为披恩普东（Soi Phraeng Phuton）的小巷，到考特奇餐馆（Chote Chitr）（见69页），品尝特色美味。

下午

午餐后，返回至般伦木安路，往右拐，行至玉佛寺（见8~11页）围墙。继续右拐，来到国柱神庙，观看膜拜者上供、祈愿。向西行至皇家田广场（见63页）和玉佛寺中间，参观辛巴克恩大学艺术展厅（Silpakorn University Art Exhibition Hall）（见67页）的绘画。然后到玛哈泰路或者旁边小巷的艾弥利市场，给自己买个能带来好运的护身符。继续前行抵达河岸码头，在S&P餐厅（S&P Restaurant）（见69页）喝杯冷饮，结束一天的游览。

分区逍遥游——老城区

云石寺五彩瓷片局部　　披素门炮台　　　　拉卡那达寺

TOP 10 大皇宫和玉佛寺

1 云石寺（Wat Rachabophit）
设计以佛统（Nakhon Pathom）（见98页）佛塔为蓝本。参观重点有正殿门窗的镶嵌装饰、回廊色彩斑斓的瓷片。（见59页）

2 般伦木安路（Bamrung Muang Road）
曼谷铺砌最早的道路之一，最初为象道。路旁的商店售卖寺院用品，比如：和尚的袍服、香烛、佛像。地图D4

3 民主纪念碑（Democracy Monument）
1939年，为纪念建立君主立宪制（见34页）而建造。四周有四座翼柱，正中基座上有一本泰国宪法。拉卡丹嫩路（Ratchadamnoen Road）·地图D3

4 博闻尼威寺（Wat Bowoniwet）
佛教法宗派总部，寺内壁画引人入胜，主题奇异，比如骏马在英格兰和荷兰风车上驰骋。（见59页）

5 玛哈泰寺（Wat Mahathat）
是玛哈朱拉隆功佛教大学总部、毗婆舍那禅修中心（Vipassana Meditation Center）所在地。（见58页）

6 国家美术馆（National Gallery）
曼谷主要的美术馆，由皇家造币厂改建而成。经常展出知名画家作品和崭露头角的泰国艺术家作品。昭法路4号（4 Chao Fa Road）·地图C3·（02）282 2639·周三至周日9am-4pm开放·凭票入内

7 考山路（Khao San Road）
背包客聚集地，除了宾馆，这条路上还有很多纪念品商店、地摊和餐馆。地图C3

8 披素门炮台（Phra Sumen Fort）
八角形砖泥炮台，出于保卫曼谷免遭攻击，于1783年建造。披阿迪路（Phra Athit Road）·地图C2

9 金属宫殿和拉卡那达寺（Loha Prasat and Wat Ratchanadda）
金属宫殿形如金字塔，有37个尖顶环绕。旁边就是拉卡那达寺。玛凯路2号（2 Maha Chai Road）·地图D2·（02）224 8807·每天8am-5pm开放

10 君主（拉玛七世）博物馆 [King Prajadhipok（Rama Ⅶ）Museum]
最先进的博物馆，展示了1925年至1935年拉玛七世在位期间的重大事件，其中包括暹罗国从独裁统治向君主立宪制的转变。兰卢安路2号（2 Lan Luang Road）·地图D3·（02）280 3413·周二至周日9am-4pm开放·凭票入内

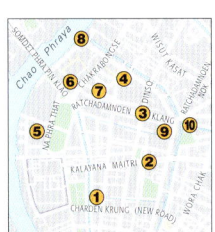

浮屠沙旺佛堂内部

玛哈甘炮台

玛哈泰寺禅修室

TOP10 十大清幽之所

1 国家博物馆浮屠沙旺佛堂（Buddhaisawan Chapel, National Museum）
在博物馆了解完泰国历史，坐在浮屠沙旺佛堂柚木地板上，既惬意又凉爽，面对普拉锡盈佛像，静静沉思。（见12页）

2 皇家田广场（Sanam Luang）
广场宽阔，绿草如茵，可以坐在树荫下的长椅上，歇歇酸胀的双腿。（见63页）

3 卧佛寺按摩亭（Massage Pavilion, Wat Pho）
泰式传统按摩对腿部酸疼、头昏脑涨治疗效果显著。卧佛寺按摩亭有泰国国内最出色的按摩师。

4 萨拉诺公园（Saranrom Park）
公园内绿树成荫，还有喷泉景观和长椅，在大王宫或者卧佛寺游览完毕，来这里休憩，最为合适。

5 赞蒂凯帕卡公园（Santichaiprakhan Park）
公园面对昭披耶河，坐下来，看一看人来人往，位置最佳。也可以在傍晚时分，加入这里的有氧操课程。⊙披阿迪路（Phra Athit Road）·地图C2·每天5am–10pm开放

6 罗玛尼那公园改造博物馆（Corrections Museum, Romaninart Park）
公园在监狱旧址上建成。如今，这里池水潋滟，有喷泉、绿荫小径，还有一家博物馆，展出刑罚器具。⊙玛凯路（Maha Chai Road）·地图D4·(02) 226 1704·每天5am–9pm开放

7 辛巴克恩大学艺术展厅（Silpakorn University Art Exhibition Hall）
位于泰国最著名的艺术院校深处，静谧安宁，展品主要出自教师、学生和居住在校园的艺术家。⊙那披兰路（Na Phra Lan Road）·地图B4·(02) 221 3841·周一至周五9am–7pm开放

8 玛哈甘炮台（Mahakan Fort）
炮台呈八角形，旁边有一座公园，特别适于休憩放松。⊙玛哈恰和拉达丹嫩路（Maha Chan and Ratchadamnoen roads）·地图D3

9 达玛哈拉河岸餐厅（Riverside Restaurants, Tha Maharat）
餐厅在达玛哈拉旁边，河面吹来微风，凉爽宜人，走累了，到这里歇歇，一定会精神焕发。⊙玛哈泰路（Mahathat Road）·地图B3

10 玛哈泰寺禅修室（Meditation Room, Wat Mahathat）
佛寺神圣庄严，每天上午和下午都开设了禅修课程。⊙玛哈泰路（Mahathat Road）·地图B3·(02) 222 6011·每天6:30am–9pm开放

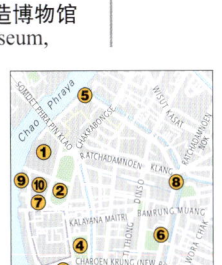

分区逍遥游——老城区

格利佛游记吧　　　　　　　　深吧　　　　　　　　茉莉吧

TOP10 十大酒吧、俱乐部

1 格利佛游记吧（Gulliver's Travels Tavern）
典型的考山路上的酒吧，对于手头不是很宽裕的游客来说，这里一应俱全：冷气十足、电视里播放着体育节目、汇集各国菜肴、优惠时段超长。❀考山路（Khao San Rd）·地图C3·（02）629 1988·每天11am–1am营业·www.gulliverbangkok.com

2 波西（Boh）
从酒吧可以看到昭披耶河对岸的黎明寺，美景如画；日落时分，来这里喝一杯，一举两得。❀泰田路230号（230 Tha Thien）·地图B5·（02）622 3081·每天6pm–1am营业

3 沙白（Sabai Bar）
因为菜肴可口，地理位置好，还经常推出啤酒买一送一的优惠活动，所以生意很兴隆。❀考山路197号日落街（Sunset Street, 197 Khao San Rd）·地图C3·每天6pm–1am营业

4 丝绸吧（Silk Bar）
考山路正在走高档路线，这家酒吧就是很好的例证。酒吧内外就餐环境豪华，鸡尾酒品质高，品种多，泰菜烹制精细。❀考山路129-131号（129-131 Khao San Rd）·地图C3·（02）281 9981·每天8am–2am营业

5 迪摩咖啡（Café Democ）
曼谷最受欢迎的酒吧之一，以演奏豪斯、嘻哈和其他舞曲为主。❀拉卡丹嫩克朗78号（78 Ratchadamnoen Klang）·地图D3·（02）622 2571·每天8pm–2am营业

6 俱乐（The Club）
装修风格极具泰国夜总会特色，既有喷泉景观，又有天使雕像。吸引了许多泰国人前来跳舞、放松身心。❀考山路（Khao San Rd）·地图C3·每天11am–1am开放

7 卡姆（Comme）
因为演奏耳熟能详的乐曲，所以吸引了大批顾客。再加上泰国菜价格合理、美味可口，酒水饮料品种多样，更平添了酒吧的魅力。❀披阿迪路（Phra Athit Road）·地图C2·每天6pm–1am营业

8 拉瓦俱乐部（Lava Club）
该地区最时髦的夜店之一，犹太人经营，DJ也是老外。酒水价格不菲。❀考山路249号，白杨大厦地下（Basement of Bayon Building, 249 Khao San Rd）·地图C3·（02）281 6565·每天8pm–2am营业

9 深吧（Deep）
酒吧既有宁静区域，让人平静安适；也有跳舞区域，音效极佳，可以享受DJ现场的摇滚、鼓乐和重低音。❀兰布迪路（Rambuttri Road）·地图C2·（02）629 4260·每天5pm–2am营业

10 茉莉吧（Molly Pub）
位于一幢装修过的殖民风格建筑里，很有格调，适于放松舒缓身心。❀兰布迪路（Rambuttri Road）·地图C3·每天11am–1am营业

登录traveldk.com推荐你钟爱的酒吧

玫凯蒂餐厅

价位表	
一餐价格，其中含一至两道菜、一份软饮、服务费	B 100泰铢以内 BB 100~200泰铢 BBB 200~500泰铢 BBBB 500~1000泰铢 BBBBB 1000泰铢以上

TOP10 十大餐厅

1 东坡餐厅（Ton Pho）
位于披阿迪码头（Phra Athit Pier）旁边，到考山路观光之前，抑或之后，来这里吃上一餐，地理位置最理想。☎披阿迪路·地图B2·（02）280 0452·每天10am-10pm营业·BB

2 玫凯蒂餐厅（May Kaidee）
这里的若干素食菜肴，美味可口，价格低廉。餐厅经营非常成功，现在还开办了自己的烹饪学校。☎达瑙路177/1（177/1 Tanao Road）·地图C3·每天9am-11pm营业·www.maykaidee.com·B

3 那披兰餐厅（Na Phra Lan Café）
大王宫对面商店一家挨着一家，餐厅就坐落其中。这里制作的果汁新鲜香甜，泰餐和西餐正宗美味。☎那披兰路（Na Phra Lan Road）·地图B4·每天8am-9pm营业·B

4 玛哈拉码头S&P餐厅（S&P Restaurant, Maharat Pier）
S&P是一家全国连锁餐厅分店，制作的泰餐、冰激凌和糕点美味可口，而且有一座河岸平台，微风拂面。☎玛哈拉码头（Maharat Pier）·地图B3·每天10am-10pm营业·BB

5 酷诺帕拉餐厅（Krua Nopparat）
泰国咖喱和沙拉做得好吃极了，当然西餐也不错。☎披阿迪路130-132号（130-132 Phra Athit Road）·地图C2·每天10:30am-9:30pm营业·B

6 汉洛克餐馆（Hemlock）
面积虽小，但很时髦；菜单巨大，里面很多菜都别出心裁，其中包括几道素菜。☎披阿迪路56号（56 Phra Athit Road）·地图B2·（02）282 7507·每天5:30am-11pm营业·BB

7 阿波阿露餐馆（Rub Aroon）
这家店屋不大，室内外都可以就座；泰国菜肴种类繁多；饮品丰富，清凉解渴。☎玛哈拉路（Maharat Road）·地图B5·每天10am-7pm营业·B

8 考特奇餐馆（Chote Chitr）
位于居民区，很隐蔽。小餐馆朴实无华，每到中午时分，坐满了前来午餐的泰国职员，他们对这里的香辣沙拉和干脆面喷喷称赞。☎披恩普东146号（146 Phraeng Phuton）·地图C4·（02）221 4082·每天10am-10pm营业·B

9 萝蒂麻塔巴餐馆（Roti Mataba）
以泰国南部美食为特色，比如萝蒂麻塔巴，是一种饼，可以做午餐，可口又美味。☎披阿迪路和披素门路拐弯处（Corner of Phra Athit and Phra Sumen Roads）·地图C2·每天7am-8pm营业·B

10 都饮汤餐厅（Tom Yam Kung）
餐厅以泰国"国汤"酸辣虾汤命名，菜肴种类丰富。☎考山路（Khao San Rd）·地图C3·每天24小时营业·BB

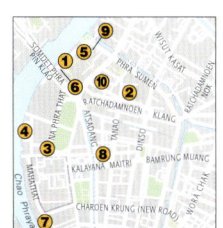

▶ 一般价格便宜的餐馆不能刷信用卡

69

耀华力黄金

显然，中国人对泰国文化最深的影响在于让泰国人爱上黄金这种中国传统商品。黄金是财富的象征，也是经济的保障。泰国人戴粗大的金手镯和密实的金表带来显示地位。在泰国，黄金不是以盎司来卖，而是以泰铢来卖，而且有些人觉得黄金比货币更可靠。

耀华力路（Yaowarat Road）

耀华力路有100多家金店，是中国城黄金交易中心。金店漆成大红色，竞相展示耀眼项链、手镯。这条路是单行线，车流量非常大，交通经常陷入停滞，水泄不通；每天晚上，更加热闹，小吃摊和小贩占据了每一寸空地。◎地图E5·商店每天8am—10pm营业

松瓦路（Songwat Road）

与昭披耶河平行，尽管河岸码头已没有百年前的繁华，很多公司，特别是稻米行业的公司，依然把仓库设在这里。漫步松瓦路以及通向昭披耶河的小巷，看到道路两旁摇摇欲坠的老房子、幽暗的仓库，不由得让人忆起中国城的往昔。这条路向西走到尽头，就是帕克运河鲜花市场。◎地图E6

那库卡瑟市场（Nakorn Kasem Market）

以前，市场出售的很多商品都来路不明，因此，直到现在还有"窃贼市场"之名。20世纪中叶，很多亚洲古代艺术品和雕塑收藏家，包括吉姆·汤普森（见24～25页），来这里淘宝，常有意外收获。如今，货品比较平淡无奇，无非是些二手厨具、电子配件、旧音响设备。虽然外国游客觉得市场出售的商品没什么用处，不过在市场狭窄的过道上转转看看，非常有意思。◎察伦昆路和察克拉瓦路拐弯处（Corner of Charoen Krung and Chakkrawat roads）·地图D5·每天9am—6pm营业

龙莲寺[Wat Mangkon Kamalawat（Wat Leng Noi Yee）]

建于1871年，是中国城众多寺庙中最为重要的一座。每年10月素食节期间，这里热闹非凡，信徒们成群结队，敬献供品。龙莲寺入口颇具特色，令人难忘，寺内有佛堂、道场、儒祠。前来拜祭的人源源不断。寺外小贩们售卖宗教用品，生意红火。◎察伦昆路（Charoen Krung Road）·地图E5（02）222 3975·每天8am—6pm营业

松瓦路木制老仓库

金佛寺的金佛

1. 金佛寺的金佛（Golden Buddha, Wat Traimit）

泰国有成千上万座金箔佛像，但是这里的金佛独具魅力，因为它是实心金佛像，5.5吨纯金打造。1956年，金佛的本来面目才被揭开。当时不慎将佛像摔了一下，佛身灰泥脱落，金形毕露。金佛高3米多，13世纪素可泰时期的艺术品，收藏在这座很不起眼的寺庙里，不过在灯光的照射下，金佛金光四射，灿烂无比，非常值得亲眼一见。◎察伦昆路661号（661 Charoen Krung Road）·地图F6·（02）225 9775·每天9am–5pm开放·凭票入内

2. 帕克运河市场（Pak Khlong Market）

曼谷最大的鲜花、蔬菜、水果市场，从早到晚，任何时间来到这里都会带来视觉、听觉、味觉上的冲击。一整夜，满载茉莉花、莲花和康乃馨的船只卸下货物；黎明时分，五颜六色的鲜花争奇斗艳，热带水果新鲜诱人。每天上午，市场最为繁忙。◎察克披路（Chakphet Road）·地图C5·每天24小时营业

3. 帕乌拉市场（小印度）[Phahurat Market（Little India）]

穿过曼谷中国城的街道，就好像一眨眼从中国来到了印度。小印度是城中城，主要集中在帕乌拉路（Phahurat Road）沿线，以及再往南的区域，充分体现了印度人和中国人分享商业贸易、友爱的一面。店屋空间狭小，印度纱丽、五彩布匹堆到了屋顶，有些还散落到狭窄的街上。市场尽头有几家小茶馆，几家商店售卖印度寺庙的供品。◎帕乌拉路（Phahurat Road）·地图C5·每天9am–6pm营业

4. 华蓝蓬火车站（Hua Lampong Station）

拉玛五世（见34页）发起建造，荷兰建筑师设计，第一次世界大战之前竣工。火车站经过了几番现代化改造，但是基本外观未做改动，使其成为一眼就能辨认出的曼谷标志性建筑之一。火车站是很多异乡人体验大都市生活的开端，但他们多半会加倍小心防止被骗，没有心思欣赏车站的拱顶和壁画。◎拉玛四世路（Rama Ⅳ Road）·地图F6·（02）223 7010

华蓝蓬火车站

售卖中的中国灯笼　　　　　车水马龙的中国城道路

中国城

1782年（见34页）曼谷城一建立，中国移民就搬离拉塔那古辛岛，腾出地方建造大皇宫和政府机构。他们在拉塔那古辛岛南面、靠近昭披耶河的地方定居下来。如今，中国城（Chinatown）是曼谷最为多姿、最为拥挤的地方之一。尽管缺少老城区的辉煌名胜古迹，但是这里街巷交错、犹如迷宫，穿市场、过寺庙、经金店，色彩艳丽，闪闪发亮，逛逛看看，让人如痴如醉。在中国城还有个印度人聚居区，名为小印度（Little India），帕乌拉（Phahurat）布料市场位于它的中心地带。山姆蓬巷（Sampeng Lane）在帕乌拉以东，曾经是鸦片烟窟、青楼、当铺的温床。现在，这儿的商店售卖家居用品和时尚配饰。

十大景观

1. 金佛寺的金佛
2. 帕克运河市场
3. 帕乌拉市场（小印度）
4. 华蓝蓬火车站
5. 耀华力路
6. 松瓦路
7. 那库卡瑟市场
8. 龙莲寺
9. 山姆蓬巷
10. 塔拉考市场和塔拉迈市场

帕克运河市场小贩售卖辣椒

前两页图片：国家博物馆浮屠沙旺佛堂

9 山姆蓬巷（Sampeng Lane）

也被人们称作湾怡一巷（Soi Wanit 1），是一条狭长的街巷，绵延约1公里，横穿中国城中心，商业气息浓烈，不适于胆小者。这里人山人海，汽车根本就开不进来。摩托车和扛着大包、小包的搬运工在人群中缓慢穿行。人们挪上几步，停下来，看看售卖的商品，包括电脑游戏、时尚配饰、玩具、陶瓷制品、布料、成衣。地图L3·每天8am–8pm营业

山姆蓬巷小吃摊

10 塔拉考市场和塔拉迈市场（Talad Kao and Talad Mai）

两家市场售卖鲜鱼、蘑菇、柠果、咖喱粉、中药材、香料等大批鲜货。塔拉考，即旧市场，18世纪末期开张，营业至今；塔拉迈，即新市场，也有大约100年的历史。以售卖高品质肉类、鲜鱼、蔬菜和水果而享有盛誉。中国春节期间，这里异常热闹。旧市场在黎明时分，车水马龙，中午时分，不再营业；而新市场营业时间则持续到晚上。怡萨努帕巷（Soi Isara Nuphap）·塔拉考：每天4am–11pm营业；塔拉迈：每天4am–6pm营业

逛中国城和小印度

上午

无论何时，中国城的交通状况都是噩梦。因此，乘坐轮渡于早上9点到达塔拉齐尼（Tha Rachini）。离开码头后右转，穿过运河，还向右转进入帕克运河市场（见73页），此时这里最繁忙，最好看。然后，顺着阿达荡路（Atsadang Road）向北走，右转进入披披达路（Phra Phitak Road）。走上两三个街区，是帕乌拉路（Phahurat Road），就来到了小印度（见73页）。一直往前走到察克披路（Chakphet Road），在皇家印度餐厅享用美味午餐（见77页）。

下午

电池充电后，直奔山姆蓬巷，映入眼帘的是花里胡哨的小玩意儿。把钱包、钱夹收好，这里可是扒手的天堂。走到怡萨努帕巷（Soi Isara Nuphap）左转，路过中药堂，到耀华力路右转，满眼都是金店，店面漆成大红色，店名为金色字，几乎每家店都有一位全副武装的保安值守。步行至耀华力路和察伦昆路交会处，穿过马路到街的北面，进入金佛寺（见73页）。坐下来，歇歇脚，欣赏绝世金佛（见73页），尽享宁静，结束一天的游览。

鲜花

香料

灯笼

十大选购物品

鲜花
1 到帕克运河市场（见73页）购买。既可以买单一品种的鲜花，也可以把几种自己喜欢的鲜花扎成一束来买，比如将温带鲜花，如玫瑰，和兰花、莲花搭配在一起。

金饰
2 想买黄金饰品，就去耀华力路（见74页）的金店，这里售卖的23K金饰品款式多种多样。

织物
3 中国城，特别是帕乌拉市场售卖的织物，让人目不暇接，游客会情不自禁买些布匹和便宜的衣服带回家。

香
4 香对中国人来说，十分重要，特别是在祭祀供奉的时候。中国城有好几家商店卖盘香、锥香、细棒香、粗棒香，粗棒香能燃烧几个小时。

茶
5 无论是散装的还是包装好的绿茶和红茶，中国城到处都卖。中国人自己购买的茶叶量相当大。鲜货市场以及中药堂是嗅茶香的好地方。

时尚配饰
6 便宜的小饰品遍布中国城，尤其是山姆蓬巷（见75页）。塑料耳环、珠链、可爱的手机套、带亮片的手包等，应有尽有。

陶器
7 中国城销售的大多数瓷器都很实用，装饰性并不强。不过，陶器店很值得一转，说不定能拣到宝贝。

灯笼
8 怡萨努帕巷的几条小胡同里还居住着这样一些人家，专门以制作中国传统灯笼为生。制作好的灯笼在山姆蓬巷的商店出售，颜色鲜艳，大小各异。

香料
9 在中国城任何一家鲜货市场，都能见到五颜六色的辣椒面、香料从巨大的搪瓷盆里溢出来，挑选几种带回家尝试着用一用。

寺庙供品
10 尽管中国城的宗教用品店也卖庙堂模型、搭在华夏诸神上的艳丽长袍，但是最常见的还数香和彩纸。

香格里拉餐厅的港式点心

价位表	
一餐价格，其中含有一至两道菜、一份软饮、服务费	B 100泰铢以内 BB 100~200泰铢 BBB 200~500泰铢 BBBB 500~1000泰铢 BBBBB 1000泰铢以上

十大餐厅

1 内索（Nai Sow）
这家中泰餐厅特色菜有酸辣虾汤和各式炒菜。◎麦提奇路3/1（3/1 Maitri Chit Road）·地图E5·（02）2221539·每天10am-10pm营业·B

2 皇家印度（Royal India）
虽然装修不敢恭维，但india北方菜肴做得相当地道。◎察克披路（392/1 Chakphet Road）·地图D5·（02）221 6565·每天10am-10pm营业·B

3 山姆拉（Samrat）
印度锡克教徒经营的小餐馆，有美味可口的咖喱，还有少量甜点和饮品。◎察克披路（Chakphet Road）·地图E5·每天9am-9pm营业·B

4 香格里拉（Shangri-La）
经营非常成功的连锁粤菜馆之一；店面非常大；港式点心、汤、炒菜，味道真是好极了。◎耀华力路306号（306 Yaowarat Road）·地图E5·（02）224 5807·每天10am-10pm营业·BB

5 华盛港（Hua Seng Hong）
以燕窝汤享有盛名，其他如炒贻贝，味道也很鲜美。◎耀华力路371-73号（371-73 Yaowarat Road）·地图E5·（02）222 0635·每天10am至午夜营业·BB

6 T & K
这家餐厅以烧烤海鲜为特色。◎帕顿稻路49巷（49 Soi Phadungdao Road）·地图E6·每天4:30pm-2am营业·BB

7 白兰宾馆（White Orchid Hotel）
中餐馆位于这家三星宾馆内，以港式点心闻名，品种多样。自助午餐也不错。◎耀华力路409-21号（409-21 Yaowarat Road）·地图E6·每天11am-2pm、5pm-10pm营业·BBB

8 中迪（Chong Tee）
和中国城其他小餐馆一样，这里也只有一道特色菜——猪肉沙嗲配甜吐司。◎提密路素公84巷（84 Soi Sukon, Trimitr Road）·地图F6·每天10am-8pm营业·B

9 老暹罗商场美食中心（Food Center, Old Siam Plaza）
美食中心在商场三层，提供泰国菜和中餐，种类多，味道美，一楼有摊位售卖甜点。这里还是避暑纳凉的好地方。◎帕乌拉拐角（Corner of Phahurat）·地图C5·每天10am-5pm营业·B

10 香港面馆（Hong Kong Noodles）
以烤鸭面为特色，生意红火，有时很难找到空位。◎怡萨努帕巷136号（136 Soi Isara Nuphap）·地图E5·每天10am-8pm营业·B

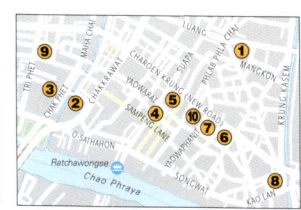

一般价格便宜的餐馆不能刷信用卡

泰国前总理克立故居

兰比尼公园打太极

市中心

老城区和中国城以东的广大地区为市中心，建筑密集。分布着使馆、公司、高级酒店、餐厅、娱乐场所；还有历史景点，如圣母升天教堂；传统精美房屋，与周围的高楼大厦形成强烈对比。走出钢筋水泥的丛林，来到兰比尼公园，可以尽享葱郁与宁静；购物好去处位于西隆路、暹罗广场、普隆奇（Ploenchit）。西隆还是曼谷最具活力的夜生活中心之一，其横街，帕蓬1街和2街，虽不出名，但市场摊位一家接着一家，酒吧里乐队现场表演与摇摆舞酒吧竞相吸引着游客的目光。

吉姆·汤普森故居

圣母升天教堂内部

十大景观

1. 东方文华酒店
2. 圣母升天教堂
3. 吉姆·汤普森故居
4. 四面佛
5. 兰比尼公园
6. 苏安帕卡宫殿
7. 克立故居
8. 帕蓬路红灯区
9. 毒蛇研究所
10. 暹罗广场

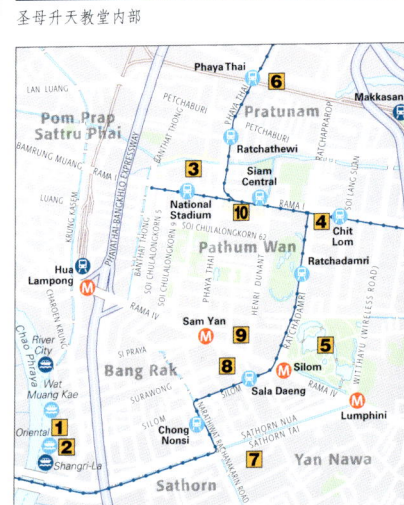

东方文华酒店厨师正在准备餐食

1 东方文华酒店（Oriental Hotel）

曼谷最古老的酒店，客流量很高，不仅是历史景点，也是豪华的旅客之家。作家楼建于1876年，是酒店最早的建筑，多位著名作家，如约瑟夫·康拉（Joseph Conrad）、萨默塞特毛姆（Somerset Maugham）曾经下榻，如今与花园楼和河楼相比，虽显得矮小，但声名远扬，吸引了很多游客在傍晚时分来到这里的河岸露台和大堂喝饮料、品茶。⊙东方大道48号（48 Oriental Avenue）·地图M5·（02）659 9000·www.mandarinoriental.com/bangkok

2 圣母升天教堂（Assumption Cathedral）

在一座19世纪20年代的建筑原址上于1910年建造，位于河岸附近的僻静后街。天主教区有一座绿树环绕的广场，而教堂占据了大半个广场。粉白色外部装饰与洛可可风格鲜亮内饰相得益彰。教堂恰恰证明了19世纪法国人在曼谷传教的成就。尽管泰国人信仰没什么改变，但不难看出他们对不同宗教的宽容态度。⊙东方巷（Soi Oriental）·地图M6·（02）234 85562·每天6am—7pm开放

3 吉姆·汤普森故居（Jim Thompson's House）

曼谷最受欢迎的景点之一，故居为传统的泰式房屋，建在葱郁的热带花园里，游客可以身临其境感受20世纪初富足的曼谷家庭生活。故居内摆放着精美雕塑、挂毯、家具，显得十分雅致。去商店看看丝织品，到艺术廊鉴赏画作，在池畔咖啡厅放松一下，这里有很多地方让人留恋。故居提供定时的、多语种导游讲解，游客必须跟随导游参观。（见24~25页）

4 四面佛（Erewan Shrine）

曼谷最奇特的景点之一，商业海洋中的一座精神小岛，轻轨列车飞驰而过，周围是购物中心。1956年，这座守护像修建在以前的爱侣湾酒店（Erewan Hotel）施工现场以后，一系列重大事故便画上句号，四面佛从此声名鹊起。朝拜者络绎不绝，献上万寿菊、香烛默默祈愿。许愿者实现愿望，来还愿的时候，在佛前会有古典舞蹈表演。⊙拉察丹利路和普隆奇路拐弯处（Corner of Ratachadamri and Ploenchit Roads）·地图Q3

四面佛的供品

分区逍遥游——市中心

曼谷的交通

曼谷的交通可谓声名狼藉。路面上车辆拥如长龙，司机坐在车子里，动弹不得。可情况并非一直如此。弗兰克·文森特（Frank Vincent）在《白象的国度》（1873年）一书中写道："贵族们……到了下午，驾着车，腰板挺得直直，表情严肃……观望着自己的朋友……透着一股前所未有的神气劲儿。"

5 兰比尼公园（Lumphini Park）

公园位于商业、娱乐中心，占地非常大；很难想象，曼谷缺少这个绿肺，会是什么样。园内大湖波光粼粼，草地修剪齐整，绿树成荫。黎明时分，居民就来到这里散步、慢跑、打太极；从早到晚，都很热闹。公园还有野餐场地、快餐店、洗手间；到了周末，甚至辟出举重区域，人头攒动。2月到4月间，这里也是放风筝的好去处。◎拉察弗利路和拉玛四世路拐弯处（Corner of Ratachadamri and Rama IV Roads）·地图Q4·每天5am-8pm开放

6 苏安帕卡宫殿（Suan Pakkad）

20世纪50年代，恰豪王子和王妃（Prince and Princess Chumbhot）在一片曾经种植蔬菜的田地上建造而成，为一群传统房屋建筑（宫殿名称意为菜园）。宫殿藏有各式各样的雕像、绘画作品、瓷器、古典舞蹈所戴面具和乐器。漆器展览馆（Lacquer）是从阿育塔雅附近的一座寺院搬运而来，最吸引人。◎诗阿育达路352-354号（352-354 Sri Ayudhya Road）·地图Q1·(02) 246 1775-6·每天9am-4pm开放·凭票入内·www.suanpakkad.com/main_eng.php Pavilion

7 克立故居（M.R. Kukrit's Heritage Home）

芒·拉加温瑟·克立·普拉默（Mom Rajawongse Kukrit Pramoj）（1911-1995）是拉玛二世（1809-1824年在位）的后代，20世纪最著名、最受泰国人爱戴的人之一；创办了《暹罗早报》，撰写了大量剧本、诗歌、小说，其中有通俗叙事诗《四朝》；于1974年至1975年间担任泰国总理。无论是院内的花园，还是居所内的许多精美艺术品，都完好地保存了下来。◎那它拉迪瓦拉察那卡林路7巷（Soi 7, Narathiwat Rachanakarin Road）·地图P6·(02) 2868185·周六、周日10am-5pm开放·凭票入内

8 帕蓬路红灯区（Patpong）

街道以一位中国百万富翁的名字命名，因为他率先开发这里的窄巷。20世纪60年代，美国大兵从越南过来休假，开始光顾这里的色情酒吧，帕蓬1街、2街从此闻名于世。帕蓬路在20世纪80年代泰国第一次旅游高峰时期热闹非凡，达到鼎盛。20世纪90年代初，帕蓬1街设立旅游夜市，色情业开始下滑。夜市是购买纪念品、冒牌货的好地方；楼下的酒吧包括有现场音乐表演的餐厅和花里胡哨的色情酒吧。注意这里很多楼上的酒吧很低俗，还敲竹杠。◎西隆路和素拉温路之间（Between Silom and Surawong Roads）·地图P5·夜市、酒吧每天6pm-1am营业

苏安帕卡宫殿

9 毒蛇研究所（Snake Farm）

曼谷奇特的景点之一，坐落在圣瓦巴皇后纪念学院（Queen Saovabha Memorial Institute），学院成立于1923年，原为巴斯德研究院（Pasteur Institute）。现由红十字会管理，生产治疗毒蛇咬伤用的血清，推广危险蛇类教育。每天安排放映幻灯片，详解如何处理被蛇咬伤；工作人员现场演示抽取毒液；游客可以跟没什么危害的蛇拍照。◎拉玛四世路1871号（1871 Rama Ⅳ Road）·地图P4·(02) 252 0161·演示：周一至周五11am和2:30pm；周六、周日11am·凭票入内

暹罗广场精品店

10 暹罗广场（Siam Square）

广场为方格街道，挤满了拱廊商场；多层购物中心分布在广场两侧。小店不计其数，有的门面还不足1米，吸引了很多人前来购物，特别是附近的朱拉隆功大学学生，他们聚集在广场南端中心点的奶吧和快餐店。除了廉价小店，也有精品店，售卖名牌服装、时尚配饰、泰国年轻设计师作品。这里还有很多不错的咖啡厅、餐馆、电影多功能厅。◎拉玛一世路和帕耶泰路拐角弯处（Corner of Rama I and Phaya Thai Roads）·地图P2

逛老法朗地区（Old Farang Quarter）

上午

步行路程长约1公里，第一站前往坐落在泰西耶那（Tha Si Phraya）码头以北的河城购物中心（见39页）。这里消费水平比较高，有珠宝、古玩、书籍、地图、服装和餐厅。三层、四层是售卖稀罕古董的商店，每月第四个周六定期举办拍卖。然后往南走，经过皇家兰花希尔顿酒店（Royal Orchid Sheraton），看一看葡萄牙大使馆——1820年欧洲国家在暹罗设立的第一个使馆。沿小巷前行至察伦昆路，右转，到达具有装饰派艺术风格的邮政总局（General Post Office）。从邮政总局顺着察伦昆路南行，右转进34巷，参观木质老房子；巷子蜿蜒曲折通向哈伦清真寺（Haroon Mosque），虽然规模不大，但这座灰泥建筑十分引人注目，由当地穆斯林使用。沿36巷前行，便来到在曼谷设立的第二个使馆——法国大使馆。往南走，穿过38巷和40巷，抵达圣母升天教堂（见79页）。从教堂沿小径往西朝河道步行，就会看到建于1901年的东亚公司（East Asiatic Company）以前的总部。进入旁边的东方文华酒店（见79页）在作家楼品茶、尝尝点心，结束游览。

马里安曼印度庙　　　帕图南市场　　　曼谷皇家运动俱乐部

TOP 10 十佳休闲场所

1 帕图南市场（Pratunam Market）
以售卖廉价服装而著称，在这里可以体验曼谷街市的喧嚣。披布里路和拉卡帕罗路拐弯处（Corner of Phetburi and Ratchaprarop Roads）·地图Q1·每天9am至午夜营业

2 彩虹中心二期（Baiyoke Tower Ⅱ）
高304米，为曼谷最高的建筑；有摩天平台，顶层设有360°观景台，将曼谷全貌尽收眼底。拉卡帕罗路222号（222 Ratchaprarop Road）·地图Q1·（02）677 6240·每天10:30am-10pm开放·凭票入内

3 印度庙（Maha Uma Devi Temple）
也称为马里安曼印度庙（Sri Mariamman），庙门上方以及内墙绘制的印度诸神色彩艳丽，气势恢弘。西隆路和班悉拐角（Corner of Silom Road and Soi Pan）·地图N5·（02）238 4007·每天6am-8pm开放

4 曼谷皇家体育俱乐部（Royal Bangkok Sports Club）
为赛马俱乐部，跑道内设有高尔夫球场，从轻轨线上俯瞰非常迷人。亨利登南路（Henri Dunant Road）·地图Q3·（02）255 1420·www.rbsc.com

5 尼尔逊·海斯图书馆（Neilson Hays Library）
位于一座殖民地时期的建筑内，馆藏图书超过20 000册，书虫的乐土。素瑞温路195号（195 Suriwong Road）·地图N5·（02）233 1731·周二至周日9:30am-5pm开放

6 灵根庙（Chao Mae Tubtim Shrine）
求子心切的朝拜者把大大小小的阳具供奉在庙堂周围，十分抢眼。无线电路（Wireless Road）·地图R2

7 机器人大厦（Robot Building）
大华银行总部所在地，建筑摩登，形似机器人，眼睛和天线一应俱全。在高架轻轨线上观看大厦，位置最佳。南萨通路（South Sathorn Road）·地图N6

8 暹罗海洋世界（Siam Ocean World）
一座超大的水族馆，共计400多种海洋生物，拥有独特的触摸池、触摸屏信息查询和海底隧道。（见47页）

9 仿品博物馆（Museum of Counterfeit Goods）
馆内展出的假货超过1500件，五花八门，包括服装、鞋、电子元器件、汽车零配件、药品。普萨奇磨当松巷64号迪莱宾客大厦（Tilleke & Gibbins, 64 Soi Tonson, Ploenchit Road）·地图R3·（02）263 7700·周一至周五9am-5pm开放（需预约）

10 朱拉隆功大学（Chulalongkorn University）
泰国历史最悠久、最有威望的大学。校园将西方建筑风格和泰国建筑风格融为一体。帕耶泰路254号（254 Phaya Thai Road）·地图P3·(02)215 0871·www.chula.ac.th

暹罗购物广场　　　　　暹罗探索中心

十大购物中心

1 暹罗购物广场（Siam Paragon）

曼谷最受欢迎的购物场所，共六层，汇集名牌精品、书店、影院、餐馆、健身中心。（见38页）

2 暹罗中心及暹罗探索中心（Siam Center and Siam Discovery Center）

以设计名品、时尚小店、餐厅而著名，毗连的购物中心吸引了很多年轻人，而孩子们对探索中心的儿童世界情有独钟。❀989拉玛一世路·地图P2·（02）658 1000·每天10am-10pm营业

3 玛卜空购物中心（Mahboonkrong）

共五层，上上下下挤满了服装、配饰、电子产品、珠宝、化妆品。这里像是介于市场和商场的购物场所。（见38页）

4 半岛购物广场（Peninsula Plaza）

以珠宝和品牌折扣店为主。❀拉察丹利路153号（153 Ratchadamri Road）·地图Q3·（02）253 9791·每天10am-8pm营业

5 中央世贸（Central World）

超大型综合性商场，内有时装精品、珠宝、家居装饰折扣店、保龄球馆、电影院。❀察丹利路4/1-2（4/1-2 Ratchadamri Road）·地图Q2·（02）640 7000·每天10am-10pm营业·www.centralworld.co.th

6 四面佛购物中心（Erewan Bangkok）

紧邻四面佛，购物中心豪华气派，有多家名人经营的精品店，还有高级咖啡厅和健康中心。❀普隆奇路494号（494 Ploenchit Road）·地图Q3·（02）250 7777·每天10:30am-8:30pm营业

7 盖桑购物中心（Gaysorn Plaza）

走的是流行时尚路线，泰国许多成功设计师的货品都在这里展卖，还有很多家居装饰折扣店。（见39页）

8 H1购物中心（H1）

精品云集，适合高端消费群体，建筑风格独特醒目，商店设计装饰讲究。❀素克威55巷988/7（988/7 Sukhu-mvit Soi 55）·地图T6·（02）714 9578·每天10am-8pm营业

9 游乐场购物中心（Playground）

专营家居装饰、时尚精品；以艺术品和餐馆为特色。❀素克威55巷818号（818 Sukhumvit Soi 55）·地图T6·（02）714 7888·每天10am-9pm营业·www.playgroundstore.co.th

10 爱坡瑞百货商场（Emporium）

高档购物场所，以百货商店、名牌精品店、餐馆、咖啡厅为特色。❀素克威622号（622 Sukhumvit Road）·地图T6·（02）664 8009-9·每天10am-10pm营业

河岸餐厅

香格里拉地平线游船餐厅

十大酒店自助餐厅和游船晚宴

1 柱廊餐厅（Colonnade Restaurant）
格调高雅；中午时分品尝牡蛎、寿司，晚上尽享亚洲美食盛宴。❽萨通路13/3，素可泰酒店（Sukhothai Hotel, 13/3 South Sathorn Road）·地图Q6·（02）344 8888·www.sukhothaihotel.com·BBBBB

2 河岸餐厅（Riverside Terrace）
这里景色迷人、浪漫幽雅，无以伦比。自助晚餐以烧烤为特色。❽东方大道48号，东方文华酒店（Oriental Hotel, 48 Oriental Avenue）·地图M5·（02）659 9000·www.mandarinoriental.com/bangkok·BBBBB

3 泰宁餐厅（Dining Room）
曼谷最好的自助餐厅之一，特色有烤肉片、面点、多种新鲜沙拉。❽拉察丹利路494号四面佛凯悦酒店（Grand Hyatt Erewan, 494 Ratchadamri Road）·地图Q3·（02）254 1234·www.bangkok.hyatt.com·BBBBB

4 麦迪逊餐厅（Madison）
可在周日来到这家豪华酒店餐厅，享受一顿特别的早午餐。❽拉察丹利路155号四季酒店（Four Seasons Hotel, 155 Ratchadamri Road）·地图Q3·（02）250 1000·www.fourseasons.com·BBBBB

5 梅耶南游船餐厅（Maeyanang Cruise）
夜晚，乘坐这艘柚木船，乐趣无限；还能品尝到精致的泰国美食。❽东方文华酒店（Oriental Hotel）·地图M5·（02）659 9000·游船：7pm–10pm·www.mandarinoriental.com/bangkok·BBBBB

6 洛那瓦游船餐厅（Loy Nava Cruise）
选择海鲜、素食泰餐、传统风味来品尝，之后坐在游船里，欣赏昭披耶河迷人夜色。❽西披耶码头（Si Phraya Pier）·地图M5·（02）437 4932·游船：6pm–8pm；8pm–10pm·www.loynava.com·BBBBB

7 玛诺拉游船餐厅（Manohra Cruise）
由曼谷万豪度假酒店及水疗中心（Marriott Bangkok Resort & Spa）经营，提供可口咖喱和炒菜。❽萨班塔克辛码头（Saphan Taksin Pier）·地图M6·（02）477 0770·游船：7：30pm–10pm·www.manohracruises.com·BBBBB

8 暹罗珍珠游船餐厅（Pearl of Siam Cruise）
非常适合喜欢热闹的游客。游船宽大；有现场的音乐表演、休息区域、丰盛的泰餐和自助西餐。❽河城码头中心（River City Pier Complex）·地图M5·（02）225 6179·游船：7：30pm–9：30pm·BBBBB

9 香格里拉地平线游船餐厅（Shangri-La Horizon Cruise）
登上这座豪华河船，可以品尝地道的泰国美食，享受細致入微的服务。❽香格里拉饭店码头（Shangri-La Hotel Pier）·地图M6·（02）236 7777·游船：7：30pm–9：30pm·BBBBB

10 优游游船餐厅（Yok Yor Cruise）
唯一一家又划算又受欢迎的游船餐厅，只是餐食不太丰富。❽森德昭披耶17路885号（885 Somdet Chaophraya 17 Road）·地图L4·（02）863 0565·游船：8pm–10pm·www.yokyor.co.th/cruise/index.html·BBB

价位表	
一餐价格,其中含一至两道菜、一份软饮、服务费	B 100泰铢以内 BB 100~200泰铢 BBB 200~500泰铢 BBBB 500~1000泰铢 BBBBB 1000泰铢以上

诺曼底

十大餐厅

1 诺曼底（Le Normandie）
这家法国餐厅以布列塔尼龙虾、煎鸭肝为特色。◎东方大道48号,东方文华酒店（Oriental Hotel,48 Oriental Avenue）·地图M5·(02) 659 9000·周一至周六:中午至2:30pm营业;每天:7pm-10:30pm营业·www.mandarinoriental.com/bangkok·BBBBB

2 热风（Sirocco）
这家空中餐厅气氛浪漫,主理意大利菜。◎西隆路1055号国家大厦63层（63rd floor, State Tower, 1055 Silom Road）·地图M6·(02) 624 9555·每天6pm-1am营业·BBBBB

3 微风（Breeze）
位于大厦高层,环境蔚为壮观,海鲜无可挑剔,价格昂贵不菲。◎西隆路1055号国家大厦52层（52nd floor, State Tower, 1055 Silom Road）·地图M6·(02) 624 9555·每天6pm-1am营业·www.breezebkk.com·BBBBB

4 喜玛利恰恰（Himali Cha Cha）
温馨舒适,印度北方菜做得最地道。◎察伦昆路1229/11（1229/11 Charoen Krung Road）·地图M5·(02) 235 1569·每天11am-3:30pm和6pm-10:30pm营业·www.din.or.jp/~ace/chacha·BB

5 安吉里尼（Angelini's）
是一家意大利餐厅,自助午餐开胃小吃最美味。◎察伦昆路桑普рот寺巷89号香格里拉饭店（Shangri-La Hotel, 89 Soi Wat Suan Plu, Charoen Krung Road）·地图M5·(02) 236 7777·每天11:30am-2:30pm和6pm-11pm营业·BBBBB

6 泰语（Tongue Thai）
餐厅由百年历史的店屋改造而成,咖喱和辣味沙拉最可口。◎察伦昆路38巷18-20（18-20 Charoen Krung Soi 38）·地图M5·(02) 630 9918-9·每天11am-10:30pm营业·BB

7 吃我（Eat Me）
澳大利亚/太平洋沿岸风味,菜品非常具有想象力。◎康文路披帕2巷（Soi Pipat 2, Convent Road）·地图P5·(02) 238 0931·每天3pm-1am营业·BBB

8 安娜餐厅（Anna's Café）
这里把泰国名菜、辣汤,做得至臻完美。椰奶咖喱大马哈鱼也做得十分成功,大受食客喜爱。◎西隆路沙拉登巷118号（118 Soi Saladaeng, Silom Road）·地图Q5·(02) 632 0619-20·BBBB

9 迷你马（Fallabella）
由曼谷皇家体育俱乐部经营,景色秀丽,菜品美味,特色有意大利面、普吉龙虾面、小羊排。◎拉察丹利路100号（100 Ratachadamri Road）·地图Q4·(02) 252 5131·每天11am-10pm开放·BBBB

10 亚妈的家（Ban Khun Mae）
纯正的泰国风味,菜品丰富多样,是享用午餐、晚餐的理想去处。◎暹罗广场8巷458/7-9（458/7-9 Siam Square Soi 8）·地图P2·(02) 658 4112·每天11am-11pm营业·BB

大多数高档餐厅可以刷信用卡

碉堡

茉莉玛隆

十大酒吧、俱乐部

1 天空吧（Sky Bar）
这里价格不菲，接近国家大厦顶层；傍晚时分前来，会沉醉在夕阳西下的美景里。●西隆路1055号国家大厦63层（63rd floor, State Tower, 1055 Silom Road）·地图M6·（02）624 9555·每天6pm-1am营业

2 碉堡（Barbican）
错层布局，时髦前卫，吸引了很多年轻侨民和寻求刺激的泰国人。●泰尼雅巷9/4-5（9/4-5 Soi Thaniya）·地图P5·（02）234 3590·每天11am-2am营业·www.greatbritishpub.com/barbican/index.asp

3 茉莉玛隆（Molly Malone's）
简单朴素的爱尔兰运动吧，共两层，摆放着黄铜器具和红褐色家具，侨民聚在这里观看电视体育节目。●康文路1号（1 Convent Road）·地图P5·（02）266 7160·每天9am-1pm营业

4 达拉斯（Dallas Pub）
装饰偏向于美国西部风格，有泰国民歌手献唱，酒水价格便宜，顾客和善友好，是与当地人交往的好地方。●暹罗广场6巷（Soi 6 Siam Square）·地图P2·（02）255 3276·每天6pm-1am营业

5 家（Home）
藏有多种酒水，包间舒适、设施齐备，从露台可以看到熙来攘往的生活图景。●西隆4巷114/14（114/14 Silom Soi 4）·地图P5·（02）238 5257·每天6pm-1am营业

6 月亮吧（Moon Bar）
这里可以俯瞰到迷人的都市美景，而且鸡尾酒应有尽有。●南萨通路悦榕酒店（Banyan Tree Hotel, South Sathorn Road）·地图Q6·（02）679 1200·每天5pm-1am营业

7 欧莱利（O'Reilly's）
一家爱尔兰主题酒吧，服务员一身绿装，提供爱尔兰吉尼斯黑啤，驻店乐队演奏爱尔兰吉格舞曲。还推出限时优惠活动。●西隆路62/1-2（62/1-2 Silom Road）·地图P5·（02）632 7515·每天10am至午夜营业

8 外交官（Diplomat Bar）
酒吧格调高雅，可以和志存高远的人一起，放松心情，抿尝鸡尾酒，欣赏现场爵士演奏。●无线电路87号，四季广场康拉饭店（Conrad Hotel, All Seasons Place, 87 Wireless Road (Witthayu)·地图R3·（02）690 9999·每天10am-1am营业

9 我的吧（My Bar）
舒适的扶手椅，明快的装饰，让人备感愉悦。●拉玛四世路杜喜泰尼酒店（Dusit Thani Hotel, 946 Rama Ⅳ Road）·地图Q5·（02）200 9000转2999·每天5pm-1am营业

10 信恩（Syn Bar）
设计融合了怀旧风格与未来元素，非常吸引人，这里的鸡尾酒异乎寻常，比如山竹马丁尼。●无线电路2号思威所德奈乐公园（Swissotel Nai Lert Park, 2 Wireless Road）·地图R2·（02）253 0123·每天10am-1am营业

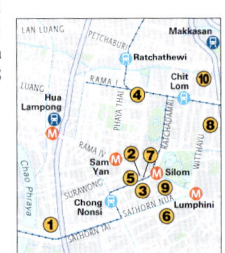

登录traveldk.com推荐你钟爱的酒吧

诺列加

硬石餐厅

塔帕斯

TOP 10 十大夜总会和音乐会所

1 红糖（Brown Sugar）
店面虽小，却有很多隐秘空间，可以跟朋友相伴侃，聆听曼谷最棒的爵士乐。（见42页）

2 翠竹吧（Bamboo Bar）
曼谷欣赏爵士的最佳场所之一，驻演乐队水平一流，环境具有浓郁的热带风情，服务细心周到。（见42页）

3 硬石餐厅（Hard Rock Café）
曼谷最热闹的夜店之一，有着全球统一的成功经营模式。（见42页）

4 魔兽（Lucifer）
位于人尽皆知的帕蓬路广播城（Radio City）里，夜幕降临，这家魔兽主题迪厅吸引了很多客人。（见43页）

5 70年代（70s Bar）
欣赏70年代经典摇滚乐的理想去处，酒吧不大，特别适合随着喜爱的怀旧曲目翩翩起舞。（见43页）

6 广告商（Ad Makers）
酒吧/餐馆有着蛮荒西部主题，乐队十分出色，既演奏经典流行金曲，也演奏摇滚乐，吸引着很多当地人和外国人前来。◎兰桑巷51/15（51/51 Soi Lang Suan）·地图R3·（02）652 0168·每天5：30pm至午夜营业

7 塔帕斯（Tapas）
深受曼谷派对一族的青睐，在这里不仅能目睹名人风采，也能让别人关注你。◎西隆4巷114/17（114/17 Silom Soi 4）·地图P5·（02）234 4737·每天7pm-1am营业·凭票入内

8 DJ站（DJ Station）
同性恋俱乐部占据着西隆2巷，DJ站在这条街最受欢迎，有三层，每晚有狂野的人妖歌舞表演，偶尔举办戏装派对。◎西隆2巷（Silom Soi 2）·地图P5·（02）266 4029·每天10pm-2am营业·凭票入内

9 概念平方厘米（Concept cm²）
这里非同寻常，有多种娱乐区域，主表演区每晚呈献乐队现场演出，音响厅DJ打造混合R&B，还有一间超大卡拉OK包房和体育酒吧。◎暹罗广场6巷，诺富特酒店地下（Basement, Novotel, Siam Square Soi 6）·地图P2·（02）209 8888·每天9pm-2am营业·凭票入内

10 诺列加（Noriega's）
酒吧简朴无华，每晚乐队现场演奏摇滚、布鲁斯、爵士，DJ也会表演一段拿手的萨尔萨。◎西隆4巷106-8（106-8 Silom Soi 4）·地图P5·（02）233 2813·每天6pm-1am营业

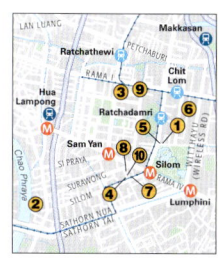

皇家御舟博物馆,船首雕像　　　　　　斯瑞拉医院的博物馆

大曼谷区

自1782年建都,曼谷城逐渐扩大,如今,大曼谷区从北到南,从东到西,绵延至少20公里。尽管郊区多为住宅,但游客还是不能错过购物天堂,恰都恰周末市场。吞武里位于昭披耶河以西,是曼谷故都,有神秘的黎明寺、皇家御舟博物馆、斯瑞拉医院的奇特博物馆。律实位于老城区北部,以壮观的律实公园和璀璨的大理石寺为特色。坎迪安博物馆和拉玛九世皇家公园坐落在曼谷东部,乘船向北不远就是暖武里和柯叻岛,一派乡土气息。

暖武里码头

坎迪安博物馆内部

十大景观

1. 恰都恰周末市场
2. 黎明寺
3. 斯瑞拉医院的博物馆
4. 皇家御舟博物馆
5. 大理石寺
6. 帕耶泰宫
7. 坎迪安博物馆
8. 拉玛九世皇家公园
9. 暖武里
10. 柯叻岛

恰都恰周末市场古董摊位

1 恰都恰周末市场（Chatuchak Weekend Market）

最初，市场位于老城区的皇家田广场，1982年迁到北郊。占地面积广大，有1万到1.5万个摊位，所售商品从古董、画作到植物、动物，种类繁多，超乎想象。这是世界上最大的露天市场，一天之内不可能逛遍，所以最好在入口处取一份地图，锁定感兴趣的区域。（见22~23页）

2 黎明寺（Wat Arun）

位于昭披耶河以西的吞武里，历史悠久，是曼谷最著名的标志性建筑之一，五座佛塔在余晖中的剪影经常刊登在旅游指南和杂志封面。塔身镶嵌着五彩缤纷的碎瓷片，从近处看，图案抽象，非常有趣。正殿很值得参观，可以欣赏里面的壁画和拉玛二世亲手浇铸的精美佛像。（见26~27页）

3 斯瑞拉医院的博物馆（Siriraj Hospital Museums）

如果你容易受到惊吓的话，就不要来这里。当然，很多人好奇心非常强，愿意参观医院里的各种博物馆。可以选择去解剖馆（Anatomical Museum），看看连体双胞胎；史前馆（Prehistoric Museum），了解生物进化过程；病理馆（Pathological Museum）专门讲解各种疾病；寄生虫馆（Parasitology Museum）固结着绦虫；还有曼谷医药历史馆（Museum of History of Thai Medicine），以及人气最旺的法医学馆（Museum of Forensic Medicine），里面陈列着保存完好的器官和头骨、犯罪现场的恐怖图像。☎披诺路（Phrannok Road）·地图A3·(02) 419 7000·周一至周五9am-4pm开放·免费参观

4 皇家御舟博物馆（Royal Barge Museum）

此类博物馆，世界上仅此一家。展出的船只装饰华美、精致，从一个侧面，显示了泰国君主统治的盛况。舟船又长又窄，只在特别的庆典仪式上使用，由着装靓丽的船夫划桨行进。国王和王后乘坐最重要的一艘，名为苏潘纳宏。此船由一根柚木树雕刻而成，船首装饰着一只金色天鹅，非常壮丽。☎曼谷莲运河（Khlong Bangkok Noi）·地图A2·(02) 424 0004·每天9am-5pm开放·凭票入内·www.thailandmuseum.com

黎明寺外部装饰瓷片

5 大理石寺（Wat Benjamabophit）

拉玛五世下令建造，由其同父异母兄弟那瑞亲王（Prince Naris）和意大利建筑师艾柯·曼弗雷迪（Ercole Manfredi）共同设计。大理石建成，呈十字形。正殿尤其华美，窗户上安装着彩色玻璃，窗格雕刻精细，殿内有一尊金色佛像，拉玛五世的骨灰埋在佛像底下。☏那空帕通路（Nakhon Pathon Road）·地图E2·(02) 2827413·每天8am-5:30pm开放·凭票入内

7 坎迪安博物馆（Kamthieng House）

这座拉那建筑始建于19世纪中叶，是尼曼尼弥（Nimmanheimin）家族在清迈（Chiang Mai）的居住地，1962年捐赠给暹罗协会（Siam Socity）后，被小心翼翼地拆开，在现址重新装建。协会办公室和图书馆坐落于此。如今，这里成为民族博物馆。地下陈列者农用器具；运用多媒体展示泰国人对神灵的信仰；一间典型的乡下厨房，非常具有代表性；一座谷仓里有种植水稻仪式展览。☏素克威21巷131号（131 Sukhumvit Soi 21）·地图T6·(02) 661 6470-7·周二至周六9am-5pm开放·www.siam-society.org/sub_sections/51

大理石寺

6 帕耶泰宫（Phayathai Palace）

建于1909年，是当时皇家在乡间的居所，国王和王后在此开展农业试验，如今这里已经都市化。曾经也是一家豪华酒店和一家电台所在地，但1932年政变（见34页）后，军队将其收回，建成医院（披蒙故考医院Phramongkutklao Hospital），使用至今。帕耶泰宫的参观重点是德瓦拉撒帕露殿（Thewaratsaparom Throne Hall），殿柱、阳台和拱廊雕刻精美，因为拉玛六世酷爱撰写剧本和表演，遂将其设为剧院。披曼查克利殿（Phiman Chakri）角楼顶呈圆锥形，也很引人注目。☏拉察威提路（Ratchawithi Road）·地图H1·(02) 354 7660转93694·每周六9:30am-1:30pm·免费参观

8 拉玛九世皇家公园（Rama IX Royal Park）

如果你想避开曼谷的拥挤与喧嚣，来这里最合适。虽然路途有点儿远，路上会花些时间，但是公园占地81公顷，很值得来一趟。1987年，为纪念拉玛九世（见35页）六十圣寿，公园建成开放。园内有一座博物馆专门介绍国王生平事迹；还有一座大湖，可以泛舟；庭院景色秀丽，培育着一些稀罕植物，上面贴着标签，清晰了然。☏素克威103巷（Sukhumvit Soi 103）·地图U6·每天5am-6pm开放·凭票入内

榴莲

最为不同寻常的一种水果，强烈刺鼻的气味、绵软滑腻的口感，有人厌恶、有人喜爱。榴莲外皮坚硬带刺，荚状果肉色黄柔软。有些人一旦习惯其黏稠的质感、浓烈的味道，就会"流连忘返"。

⑨ 暖武里（Nonthaburi）

希望迅速离开曼谷市区，就从市中心任何一座码头乘坐往北开的快艇，在暖武里的最后一站下船即可。小镇具有曼谷乡村风情，恰勒披桂寺（Wat Chalerm Phra Kiet）是其唯一重要的历史遗迹。寺庙位于码头对岸，原先由拉玛三世（1824—1851年在位）建造，十分华美。门上的繁复瓷片和正殿窗框都得到了精心修复。暖武里以盛产高品质榴莲而著称。🚢暖武里府（Nonthaburi Province）·地图S4

柯叻岛的陶罐

⑩ 柯叻岛（Koh Kret）

去暖武里游玩一天探访柯叻岛，会让你一天过得乐陶陶。小岛呈弓形，昭披耶河蜿蜒而过。从暖武里租一条长尾船前往柯叻岛。这里居住着孟族人，制作陶艺品在市场售卖。岛上没有汽车，漫步其中可以聆听鸟鸣，经过杧果、番木瓜、榴莲种植园，停下脚步看看忙碌的陶工，没准儿还能捡到他们制作的样品。🚢暖武里以北7公里·地图S4

逛恰都恰和吞武里

上午

早上8点以前出发前往轻轨莫奇站（Skytrain Mo Chit），趁人少、凉快逛恰都恰周末市场（见22~23页）。在帕欧里庭路（Phaholyothin Road）的主入口拿一份地图，往前直行，穿过如迷宫一般的摊位，来到高耸的钟塔，确定自己的方位。去8区（手工艺品）看一看，逛一逛9~15区（宠物和饰品），然后去10~21区（服装和鞋），恐怕你的衣橱就会装满了。小吃、食品摊位非常多，所以要是口渴了、肚子饿了，随时都可以补充享用。

下午

中午时分，回到莫奇站，乘坐轻轨前往萨班塔克辛（Saphan Taksin），然后乘快艇去泰田（Tha Thien），之后，搭普通轮渡过河去黎明寺（见26~27页）。欣赏塔身亮丽的瓷片，登陡峭台阶上主塔俯瞰河景全貌。河岸亭子里微风习习，在里面休息放松之后，乘轮渡回到泰田，然后坐快艇去泰披阿迪（Tha Phra Athit），搭旅游区间船前往皇家御舟博物馆（见89页）。参观装饰精美、超凡脱俗的船只，之后返回住处。如果路上有点儿饿，中途在东波餐厅（Ton Bo）吃点东西，餐厅通透，就在泰披阿迪码头旁边。

拉康寺藏经楼

披彦寺池塘中的乌龟

帕萨博物馆

十佳休闲场所

1 基督教堂（Christian Churches）
共三座，位于律实区河岸附近，专为常驻外国人建的，分别是：圣佛朗西斯赛维尔教堂（St. Francis Xavier Church），主要是越南教徒前来；圣母无玷教堂（Church of the Immaculate Conception），由法国传教士建立；高棉教堂（CambodianChurch），规模很小。◎拉察威提路以南（Ratchawithi Road）·地图S5

2 蒂薇花市（Thewet Flower Market）
位于运河边儿上，花儿争奇斗艳，气味馥郁芬芳，小贩和善友好，非常吸引人。◎昆卡瑟路（Krung Kasem Road）·地图D1·每天9am-6pm营业

3 大佛寺（Wat Indrawiharn）
佛寺隐藏在律实后街，主要景点是一尊32米高的站立佛像。◎威素卡萨路144号（144 Wisut Kasat Road）·地图D1·(02) 281 1406·每天6am-6pm开放

4 拉康寺（Wat Rakhang）
前来参观的游客并不多，正殿后面有一座木制藏经楼，里面有历史悠久的壁画，可以追溯到拉玛一世（1782—1809年在位）在此出家修行的年代。◎拉康寺巷·地图A4

5 卡拉耶那弥寺（Wat Kalayanamit）
这里有一尊泰国最大的室内坐佛像，高达15米，还有一尊最大的铜钟。◎坎拉耶寺巷（Soi Wat Kanlaya）·地图B6·每天8am-5pm开放

6 披彦寺（Wat Prayun）
假山上建着佛塔和寺庙，非常引人注目。◎帕察提波路（Pratchatipok Road）·地图C6·每天8am-6pm开放

7 圣克鲁斯教堂（Church of Santa Cruz）
1782年由葡萄牙人建造。现今的教堂建于1913年，色彩柔和、顶部呈八角形。◎库迪琴巷（Soi Kudi Chin）·地图C6·周一至周六：5pm-8pm；周日：9am-8pm开放

8 苏湾那蓝寺（Wat Suwannaram）
寺院是《本生经》精美壁画的发源地，《本生经》讲述了释迦牟尼前生的故事。◎南察蓝萨尼温32巷33号（33 Charan Sanit Wong Soi 32）·地图S5·(02) 433 8045·每天6am-5pm开放

9 帕萨博物馆（Prasart Museum）
位于一座风景宜人的花园内，以收藏著名建筑的复制艺术品为特色。◎昆特克泰4A巷9号（9 Krungthep Kreetha Soi 4A）·地图U6·(02) 379 3607·周四至周六10am-3pm，需提前预约，票价在内

10 曼谷玩偶博物馆（Bangkok Dolls Museum）
馆内陈列着世界各地的玩偶，身着迷你服装、放置背景各异。（见46页）

巴卡尼塔

价位表	
一餐价格，其中含一至两道菜，一份软饮、服务费	B 100泰铢以内 BB 100~200泰铢 BBB 200~500泰铢 BBBB 500~1000泰铢 BBBBB 1000泰铢以上

十大餐厅

1 玛纳嘉（Maha Naga）
菜品融合泰餐和西餐口味，加上许多传统泰国菜，让食客流连忘返。☎素克威29巷2号（2 Sukhumvit Soi 29）·地图T6·（02）662 3060·每天11:30am-2:30pm和6pm-11:30pm营业·www.mahanaga.com·BBBB

2 蓝象（Blue Elephant）
位于一座拥有百年历史的漂亮建筑内，以泰国宫廷菜为特色，比如"蓝象经典"。☎南萨通路233号（233 South Sathorn Road）·地图N6·（02）673 9353-8·每天11:30am-2:30pm和6:30pm-10:30pm营业·www.blueelephant.com·BBBBB

3 班卡尼塔（Baan Khanitha）
曼谷经营时间最久的高档餐厅之一，以经典泰国菜为主。☎南萨通路69号（69 South Sathorn Road）·地图T6·（02）675 4200-1·每天11am-2pm和5pm-11pm营业·BBB

4 丽滋（Le Lys）
经营传统泰国菜，不是太辣，比较适合西方人的口味。☎那拉迪瓦7巷104号（104 Narathiwat Soi 7）·地图T6·（02）287 1898·每天11am-10pm营业·BBB

5 卷心菜与保险套（Cabbages & Condoms）
泰国菜多样美味，价格合理，来这里用餐很值，尤其值得一提的是餐厅收入会用于开展艾滋病的防治工作。☎素克威12巷6-8号（6-8 Sukhumvit Soi 12）·地图T6·（02）229 4611·每天11am-10pm营业·BB

6 思安（Cy'an）
环境舒适，菜品独特，多数都融合了亚洲和地中海美食特色，是泰国最时髦的餐厅之一。☎南萨通路27号大都会酒店（Metropolitan Hotel, 27 South Sathorn Road）·地图Q5·（02）625 3333·每天6am-10:30am，中午至2pm和6:30pm-10:30pm营业·BBBBB

7 印度河（Indus）
既有印度菜也有泰国菜，既有荤菜也有素菜。☎素克威26巷7号（7 Sukhumvit Soi 26）·地图T6·（02）258 4900·每天11am-2:30pm营业·BBB

8 素帕达河餐厅（Supatra River House）
位于河岸，景色迷人，海鲜做得非常美味。☎拉康寺巷266号（266 Soi Wat Rakhang）·地图A4·（02）411 0305·每天11am-2pm和6pm-11pm营业·BBB

9 青瓷（Celadon）
泰国菜做得非常地道，屡获殊荣。莲花池将餐厅环绕，环境雅致一流。☎南萨通路13/3，素可泰酒店（Sukhothai Hotel, 13/3 South Sathorn Road）·地图Q5·（02）344 8888·每天11:30am-2:30pm和6:30pm-10:30pm营业·BBBBB

10 巴泽尔（Basil）
在清雅、舒缓的环境中，品尝美味可口的泰国菜，比如：春卷、鳕鱼咖喱。☎素克威路，曼谷希尔顿素克威大酒店（Sheraton Grande Sukhumvit, 250 Sukhumvit Road）·地图T6·（02）649 8888·每天中午至2:30pm和6:30pm-10:30pm营业·BBBBB

大多数高档餐厅可以刷信用卡

牛头

奇普查利

伦敦人酿酒吧

TOP 10 十大酒吧、俱乐部

1 酒神巴克斯（Bacchus）
有多种雅座，气氛温馨，舞厅在四层，吸引了大批人。🕿鲁玛鲁迪巷20/6-7（20/6-7 Soi Ruam Rudi）·地图T6·（02）650 8986·每天5pm至午夜营业

2 牛头（Bull's Head）
从经常光顾这里享受欢乐时光的客人、从举办的问答比赛活动、从酒吧的餐食，都表明"牛头"成功地营造出英伦酒吧氛围。🕿素克威33/1巷（Sukhumvit Soi 33/1）·地图T6·（02）259 4444·每天11am-1pm营业

3 祝勒（Jool's Bar）
有些人对那那广场（Nana Plaza）的色情酒吧歌舞表演很好奇，可又没做好准备走进去看个究竟，那就来这里，有个位置恰好能看到表演，而且啤酒价格也不算贵。🕿素克威4巷（Sukhumvit Soi 4）·地图T6·（02）252 6413·每天11am至午夜营业

4 轮船（Ship Inn）
效仿英国酒厅，临街门面是都铎建筑风格，有多种啤酒和烈酒。🕿素克威23巷9/1（9/1 Sukhumvit Soi 23）·地图T6·每天11am至午夜营业

5 桑吉巴（Zanzibar）
这家意大利餐厅/爵士吧/卡拉OK厅，从一开始就很成功，晚上先是爵士音乐，然后是蹦迪时段。🕿素克威11巷139号（139 Sukhumvit Soi 11）·地图T6·（02）651 2700·每天5:30pm-1am营业

6 胡屋（Hu'u）
曼谷最高级的静雅酒吧之一，时髦而华贵，有150多种鸡尾酒可供品尝。🕿南萨通路187号雅诗阁酒店（The Ascott, 187 South Sathorn Road）·地图S6·（02）676 6868·每天6pm-1am营业

7 罗宾汉（Robin Hood）
具有英国酒吧风格，面积很大，客人可以观看电视里播放的体育比赛，可以打台球，喝进口啤酒，酒吧全天供应早餐。🕿素克威33/1巷（Sukhumvit Soi 33/1）·地图T6·每天11am-1am营业

8 黑天鹅（Black Swan）
一看名字就知道，又是一家英伦风格的酒吧，进口啤酒种类颇多，特色餐食分量很大。🕿素克威326/8-9（326/8-9 Sukhumvit Road）·地图T6·（02）229 4542·每天9am-1am营业

9 伦敦人酿酒吧（The Londoner Brew Pub）
酒吧又大又深，女服务生个个漂亮可人，有自己酿造的啤酒，优惠时段很长，提供免费无线上网，为让客人满意，面面俱到。🕿素克威33巷UBC II大厦地下（Basement UBC II Building, Sukhumvit Soi 33）·地图T6·（02）261 0238-9·每天11am-1am营业

10 奇普查利（Cheap Charlie's）
这里不过是个路边小摊，摆着几把酒吧凳，但是啤酒便宜，感觉松弛，所以在曼谷颇有名气。🕿素克威11巷（Sukhumvit Soi 11）·地图T6·每天3pm-2am营业

登录traveldk.com推荐你钟爱的酒吧

萨克斯　　　　　　　　　　　　卡里普索人妖秀场　　　　　Q吧

十大夜总会和娱乐场所

1 广告13号（Ad Here the 13th）
面积虽然不大，但是酒吧乐队加上廉价的啤酒和亲近的感受，让这里颇受欢迎。（见42页）

2 萨克斯（Saxophone）
价位适中，音乐动听，吸引了众多泰国本地人和外国人。（见42页）

3 床榻晚餐俱乐部（Bed Supperclub）
如太空船一般降落在曼谷街头，超级时尚，尽管酒水价格不菲、餐食固定，但时常安排主题活动，因此来之前登录网站查看一下，再决定装束。（见42页）

4 Q吧（Q Bar）
几年以来，一直是曼谷最时尚的夜店之一，酒吧分为两层，还有露台和舞池。（见42页）

5 巫婆客栈（Witch's Tavern）
位于一座维多利亚风格的建筑内，汉堡包做得非常可口，鸡尾酒调配出色。驻店乐队以演奏流行摇滚情歌为主，也演奏客人点播曲目。（见43页）

6 达湾登德国酿酒（Tawandaeng German Brewery）
是个很大的派对场所，一边在工作人员的协助之下自己酿制啤酒，一边欣赏泰国东北部的民俗音乐。那拉迪瓦拉察那卡林462/61（462/61 Narathiwat Ratchanakiharin）·地图U4·（02）678 1114-5·每天5pm-1am营业

7 东京乔（Tokyo Joe's）
这里气氛热烈，每晚音乐人演奏布鲁斯，有时也演奏爵士。周末人头攒动，很有意思。素克威26巷5号（5 Sukhumvit Soi 26）·地图T6·（02）259 6267·每天5pm-1am营业

8 客厅（Living Room）
非常时尚，每晚都有顶级爵士音乐人演奏。气氛典雅致，适于一边品尝鸡尾酒一边聊天，或者只是欣赏音乐。希尔顿大酒店（Sheraton Grande Hotel）·地图T6·（02）649 8888·每天9am至午夜营业

9 卡里普索人妖秀场（Calypso Cabaret）
只有来到泰国，才有机会观看。人妖光鲜靓丽，身着饰有金属亮片的服装，穿着长筒袜，跟着播放的流行歌曲边唱边跳，舞蹈动作整齐一致。（见45页）

10 暹罗剧院（Siam Niramit）
世界规模最大的舞台表演之一，表演者超过150位，有500套演出服，运用多种特效展现美轮美奂的泰王国，呈献给观众一场视觉盛宴。（见44页）

鳄鱼养殖场的鳄鱼表演　　桂河大桥

曼谷周边

曼谷的景点，从绚丽夺目的寺庙，到熙攘拥挤的人群，都不免让人产生感官疲劳。还好，如果游客希望舒缓放松，可以离开曼谷，到周边游一游，待上一日，或者住上一晚。旅游公司安排周边休闲游，比如参观水上市场、玫瑰花园、古城、鳄鱼养殖场。如果希望行程增加一些文化元素，就去探访泰国古都阿育塔雅遗址，或者去北碧，那里的桂河大桥和盟军公墓记录了"二战"一段悲惨的历史。要是对热带海滩心驰神往，芭堤雅或者沙美岛是最佳的选择，海滩细沙又白又柔。

佛统大塔

邦巴茵宫

十大景观

1. 古城
2. 鳄鱼养殖场
3. 玫瑰花园
4. 丹嫩沙多水上市场
5. 佛统大塔
6. 阿育塔雅
7. 邦巴茵宫
8. 北碧
9. 芭堤雅
10. 沙美岛

古城南邦王宫殿

1 古城（Muang Boran）

这座巨大的文化公园占地面积130公顷，设计得形如泰国，园内重建了泰国各地著名寺庙等建筑。听起来，是个俗气的主题公园，但是身临其境却会带来视觉震撼，还会增长见闻。游客可以乘车或者骑单车参观，很少出现人满为患的状况。◎曼普（Bangpoo），距曼谷素克威路33公里·地图T2·（02）709 1644·每天8am-5pm开放·凭票入内·www.ancientcity.com

2 鳄鱼养殖场（Crocodile Farm）

拥有6万只淡水鳄鱼和咸水鳄鱼，是世界上最大的鳄鱼养殖场。曾经饲养过一条长6米、重1000公斤的庞大鳄鱼。每小时一次的鳄鱼表演最为惊心动魄，训养员与鳄鱼搏斗，甚至将头伸入其口中。养殖场内还有一座动物园、一家游乐场和一家出售鳄鱼皮制品的商店。◎北榄府（Samut Prakan）以东2公里·地图T2·（02）703 5144-8·每天7am-6pm开放（每小时一次的表演：9am-4pm）·凭票入内

3 玫瑰花园（Rose Garden）

从曼谷市中心驱车前来不是很远，占地28公顷，内有多处景观，包括种植了多种玫瑰和兰花的植物园、民俗园、餐厅、高尔夫球场、健康水疗中心、大酒店。每天的民俗表演包罗万象，有泰国不同地区的舞蹈、泰拳、击剑、泰式婚礼仪式。游客还可以在园内骑大象。◎桑普兰，波卡森路（Pet Kasem Road, Sampra），距曼谷32公里·地图T2·（034）322 544·每天8am-6pm开放；民俗表演2：45pm·凭票入内

4 丹嫩沙多水上市场

虽然有些人觉得这里不过是在为游作秀，但毫无疑问却是泰国最好的一座水上市场，让游客了解当地人从前的水上生活方式、狭窄河道上的买卖交易。要避开上午10点左右的团队游客高峰时段，早点儿来这里（或者最好住上一晚），你会看到：泰国人身着传统服装，脸上洋溢着灿烂的微笑；舢板上堆放着各种水果，新鲜诱人；一碗碗面条直接在水上厨房做好。（见20~21页）

丹嫩沙多水上市场

死亡铁路

1942年到1945年间，约有1.6万名盟军战俘和10万亚洲劳工在修建泰缅铁路线时献出生命。当时日本人把这条铁路视为占领东南亚地区的关键，日本人投降以后，英国人将铁路拆毁，而且再没有重建。

5 佛统大塔（Nakhon Pathom Chedi）

高达120米，是世界上最高的佛教建筑之一。佛塔可以追溯到公元6世纪，拉玛五世（1868—1910年在位）统治时期，建成如今的宏大规模。这里是重要的佛教圣地，常有泰国人将祭品供奉在各种各样的祭台上。佛塔四周，东、南、西、北四个方向各有一座佛堂，回廊壁龛里安放着佛像，姿态各异，不同寻常。◎曼谷以西56公里·地图T2·（034）242 143·每天6am—6pm开放·凭票入内

6 阿育塔雅

1350年至1767年间，这里为阿育塔雅王国的都城，至高无上，只是在遭缅甸军队劫掠后，被遗弃（见34页）。如果对泰国丰富的历史感兴趣，一定不要错过位于乡下的阿育塔雅历史公园（Ayutthaya Historical Park），环境幽静，满眼古代废墟遗迹。最重要的几座寺院：玛哈泰寺、拉察布拉那寺、帕席桑碧寺，都坐落在中心地区，一天就能游览完毕。（见28—31页）

7 邦巴茵宫（Bang Pa-In）

去往阿育塔雅途中，非常值得在这座王室夏宫停留参观。17世纪中叶，帕萨通国王（King Prasat Thong）（1629—1656年在位）开始修建，拉玛四世、拉玛五世（见34页）进行扩建，荟萃泰国建筑风格，比如爱撒翁帕亚亭，和欧洲建筑特色，比如蒂楠瓦洛帕殿（Phra Thinang Warophat）。这里草坪如茵，修剪齐整，湖水平静，波光粼粼，让人备感闲适。（见30页）

8 北碧（Kanchanaburi）

位于中部平原的最西端，是从曼谷出发一日游的热点目的地。主要景点包括：桂河大桥和盟军公墓，"二战"期间，数以万计的盟军战俘修建"死亡铁路"而牺牲生命，在此长眠。泰缅铁路中心（Thailand-Burma Railway Center）详尽讲解了这场血腥、悲惨的历史事件。当然，也可以轻松一下，从北碧出发，前往几处迷人的自然景观，包括爱侣湾国家公园（Erewan National Park），那里的瀑布会让人耳目一新。◎曼谷以西130公里·地图S2

阿育塔雅的玛哈泰寺

芭堤雅（Pattaya）

⑨ 以色情酒吧、迪厅、人妖秀以及啤酒吧而闻名，啤酒吧四周通透，女招待热情友善。最近几年，芭堤雅努力提升形象，新建了很多景点，吸引以家庭为单位的游客，如芭堤雅水上公园（Pattaya Water Park）、海底世界（Underwater World）、暹罗小人国（Mini Siam）、大象村（Elephant Village）。这里的水上活动项目和高尔夫球运动深受欢迎，还有丰富的餐饮购物选择，海鲜餐厅菜品色香味俱佳，购物中心货品琳琅满目。◎曼谷东南147公里·地图U3

芭堤雅的酒吧和餐厅

沙美岛（Koh Samed）

⑩ 位于芭堤雅以东50公里处，毫无疑问是最迷人的海岛，能够避开曼谷都市喧嚣，尽享宁静。这里海水清澈、沙质细腻，无与伦比。可惜的是，虽为国家公园，但由于美名远扬，住宿费用不断上涨。如果避开周末、节假日，就不会像沙丁鱼一般挤作一团，而可以享受恬静诗意的美景。◎曼谷东南200公里·地图U3

芭堤雅一天一晚游

上午

首先去乔姆堤海滩（见52页）放松放松，沙滩似乎一望无际，其实只是芭堤雅城中心的海段。下海游泳凉快一下，如果精力充沛，可以去尝试风浪板、水上降落伞和滑水运动。沙滩上小贩四处售卖海味和水果，要是上午都没买点儿尝尝，就去海滩最北端的布鲁诺餐厅（Bruno's）享受一顿奢华的牛排或者龙虾午餐。

下午

午餐后，登披塔那山（Khao Phra Tamnak），赏芭堤雅海湾美景。接着往北走，去参观宏伟的真理寺，这里融会了高棉、印度教、佛教建筑。最后前往暹罗小人国，观看泰国驰名建筑的微缩景观。

晚上

在酒店洗个澡，稍事休息后，出来体味芭堤雅多彩的夜生活。首先选一家面对海滩的啤酒吧坐坐，感受热烈的气氛。晚饭前往位于5巷（Soi 5）的厨房餐厅（Kitchen），享用美味咖喱或者现烤海鲜。之后，到蒂芬妮（Tiffany's）欣赏人妖歌舞表演。最后，考虑是回酒店休息，还是继续深入探访芭堤雅的撩人夜生活。

资讯一点通

实用信息

计划行程
102

抵达曼谷
103

游览曼谷
104

节省开销提示
105

银行及通信
106

安全健康
107

实用信息
108

注意事项
109

购物提示
110

住宿信息

111~117

曼谷十佳

泰国硬币

素旺那普国际机场的免税店

TOP10 计划行程

1 护照和签证
每位游客必须持有效护照进入泰国，而且护照有效期自入境日起，至少有六个月。多数西方国家游客在入境时获得旅游签证，有效期为30天。如果计划在泰国逗留超过30天，最好向驻本国的泰国使馆申请60天的签证。签证必须在3个月之内使用。如需逗留更长时间，而且理由正当，比如学习或者出差，也可获得90天的非移民签证。向移民局（见109页）申请，并交纳一定费用，60天的签证可以延期30天，30天的签证可以延期10天。如逾期滞留，则需交纳罚金，每天500泰铢。签证规定有可能改变，最好登录泰国外交部（Thai Ministry of Foreign Affairs）网站查询。

2 出游时间
11月到2月前往曼谷旅游最佳，这段时间天气晴朗，气温一般低于26.5℃，比其他月份凉爽。但酒店住宿费用偏高，而且景点比较拥挤。3月到5月为热季，适宜海滩度假，但不宜剧烈活动。6月到10月为雨季。有时天气不错；暴雨来得快，停得也快。

3 携带物品
来曼谷，一年四季都最适合穿着轻薄、宽松的衣服。为防晒，长袖衬衫、帽子和防晒霜必不可少；雨季时带把伞。只有在泰国北部山区才穿保暖类服装。

4 医药健康
泰国并不强制接种疫苗，曼谷药店的药品比较齐全，所以只需随身携带特殊药物。购买健康保险或者旅行保险非常必要。

5 海关
泰国海关准予免税携带200支香烟或者250克烟草和1升葡萄酒或者烈酒。

6 时差
泰国时间比格林尼治时间快7小时，比美国东部时间快12小时，比澳大利亚东部时间慢3小时。

7 货币
泰国货币是泰铢（B），合100萨当。主要流通的硬币有1铢、2铢、5铢和10铢。而25萨当以及50萨当的硬币基本上见不到。纸币有20铢（绿）、50铢（蓝）、100铢（红）、500铢（紫）和1000铢（棕）。

8 语言
泰语属于声调语言，对西方人来说不太容易掌握，但您学习一些关键词汇短语，会让当地人刮目相看。大多数旅游地区都讲英语。

9 驾车
不建议在曼谷自己驾车。特别想租车出行的人需要有国际驾照，尽管租车公司会接受有效的国内驾照。

10 电源、电压
电压为220V，频率50Hz，插座多为两孔。可在百货商店买到转换器。

护照 & 签证

泰国外交部：www.mfa.go.th/web/12.php

前两页图片：丹嫩沙多水上市场卖水果的小贩

素旺那普国际机场

交通堵塞

抵达曼谷

1 乘坐飞机
绝大部分游客乘飞机前往曼谷。曼谷机场有80多条与世界主要城市连接的直飞航线。泰国航空公司拥有广泛飞行网络以及多条经济航线,比如:亚航经营泰国国内和部分东南亚城际航线。

2 预订机票
提前订好机票不仅能节省一大笔开支而且在旅游旺季很必要,特别是11月到2月间的旅游旺季航班旅客会爆满。网上预订,可以"票比三家",获取低价机票。

3 素旺那普国际机场
2006年启用,世界上最新的机场之一,拥有世界最大的航站楼。国际航班和国内航班在同一航站楼内,航班到达在2层,出发在4层。机场位于曼谷以东大约25公里处。

4 机场服务
机场超级现代,设施齐备,能够满足旅客各种需要,这里有多家商店、餐厅、休息区、转机乘客休息室。泰国机场问讯服务台设在2层和4层出口处。

5 机场出租车
公共出租车车顶有"Taximeter"标志,按里程收费,既方便又不贵。出租车调度台位于2层4号门和9号门外。去市中心为250~300铢,含50铢机场附加费。在机场招揽乘客的豪华大轿车要贵很多。

6 机场大巴
机场空调大巴有四条线路,票价一律150铢。AE1开往西隆路,与轻轨和地铁相连;AE2开往考山路;AE3开往素克威路上的那那(Nana)区;AE4开往华蓝蓬火车站。

7 机场高铁
已建造一条与市中心相连的高速铁路,全程只需15分钟。2008年投入使用,是人们进城的首选交通工具。

8 租车
有好几家国际以及当地公司提供租车服务,租车中心位于机场附近的运输中心。

9 乘坐巴士
泰国运输系统比较完备,陆路交通与邻国相连,有长途客运服务。从马来西亚开来的巴士终点在汽车南站(Southern Bus Termial),缅甸和老挝的停在汽车北站(Northern Bus Terminal)。

10 乘坐火车
可以从新加坡和马来西亚乘火车到曼谷。所有的火车终点站都在华蓝蓬站。

交通枢纽
素旺那普国际机场:www.airportsuvarnabhumi.com

汽车南站:波玛拉蒙安路(Borommarat Chonnani Road);地图S5;电话:(02)391 2504;空调巴士507,511

汽车北站:坎蓬披2路(Kamphaeng Phet 2 Road);地图T5;电话:(02)936 2852-66;轻轨莫奇站(Skytrain Mo Chit)

华蓝蓬火车站:拉玛四世路;地图F6;电话:(02)225 6964;地铁华蓝蓬站

曼谷一条繁忙的街道　轻轨

嘟嘟车

TOP 10 游览曼谷

1 轻轨
是游览曼谷最快捷的交通工具。共两条线，一是素克威线，沿素克威路从莫奇站（Mo Chit）到安努站（On Nut）；二是西隆线，从国家体育场站到萨班塔克辛站（Saphan Taksin）。两线在暹罗广场交会。如果计划反复乘坐，可购买储值卡，250铢（10次），300铢（15次），540铢（30次）。☎ (02) 617 7340-2·6am至午夜运营·www.bts.co.th

2 地铁
曼谷新地铁系统的第一段从华蓝蓬火车站到市中心以南的邦素站（Bang Sue），呈环形。与轻轨的四个站交会，票价从14-36铢不等。☎ (02) 354 2000·6am至午夜运营·www.bangkokmetro.co.th

3 巴士
曼谷公交巴士网络庞大，而且价格便宜。多数线路运营时间从4am-10pm，有些线路24小时运营。曼谷交通拥堵严重，尽人皆知；乘坐巴士最主要的问题是会遇到堵车，所以选择空调巴士会舒服些。☎ (02) 246 0973·www.bmta.co.th

4 船
这种"水上巴士"在昭披耶河以及其他一些保留开曼谷交通堵塞道路，比较快捷。可以乘坐昭披耶快线抵达老城区的景点。河道上也有一些渡轮和公交船（Commuter Boat）。☎ 昭披耶快线船·(02) 623 6143·www.chaophrayaboat.co.th

5 出租车
很容易找到，而且价格比较便宜。按里程计费，2和起步，起步价35铢，之后，每1公里加收5铢。用计程器比商定价钱便宜。

6 嘟嘟车
对于游客而言，乘坐嘟嘟车是曼谷游的重要篇章。坐在这种通透的三轮车里，在车流中穿梭，让人兴奋不已；但缺点是噪声大、污染环境。上车前要谈好价钱。

7 两轮摩的
车主身着带数字的马甲，等候在与重要街道相连的马路拐角。如果去的地方，没有其他交通工具，坐摩的很方便。车价可以协商。虽然速度快，堵车的时候能见缝插针往前挤，但是危险性大，所以要紧紧抓牢。

8 步行
考虑到曼谷的塞车状况，一天最好在一个地区步行参观。游览老城区和中国城的景点，以及到暹罗广场和西隆路购物，步行特别方便。

9 跟团旅游
在一个陌生而又拥挤的城市安排行程绝非易事，所以很多人选择跟团旅游。虽然跟团比较省心，能了解更多信息，但价格高，不能接触到当地人进行文化交流。

10 地图
自助游曼谷的话，拥有一份最新的轻轨和地铁线路地图非常重要；多数酒店、旅馆都提供。坐公交巴士的话，要用"公交线路地图"，多数书店有售。购物迷也许会买"南乔钱德勒曼谷地图"，这种手绘地图五颜六色，上面详细标注了曼谷的商店和市场。

一个曼谷人正阅读报纸　前往金山寺的台阶　　　　　班迪购物广场

TOP10 节省开销提示

1 住宿
多数手头不太宽裕的游客会去老城区北端的考山路投宿,每晚费用低于325铢。虽然这里价格便宜的住所(见117页)相当多,但是消费水平也正在逐渐上升。中国城和市中心也有一些便宜的住处。

2 就餐
除非对就餐环境要求很高,否则在曼谷就餐不是很贵。街边小吃摊花费最低。有些最好的小吃摊只做一种菜肴,比如泰式炒面,填饱肚子也就20铢左右。在购物中心的美食中心里用午餐,既可口又便宜。

3 饮酒
坚持喝当地产的啤酒(昌牌、乐欧、山嘎)和烈酒(湄公和双狮),要比进口酒便宜很多。关注优惠时段和买一送一的促销活动。

4 免费杂志和活动
曼谷有几种针对游客的免费杂志,比如《BK杂志》,主要介绍曼谷新餐厅和酒吧,以及曼谷城举办的各种活动,可以在酒店和旅游机构领取。

5 手机SIM卡
在曼谷期间,如果既想使用自己的手机,又不想付国际漫游费,就到手机商店花点钱买张SIM卡,用新号码打电话可按当地资费标准收取,通常还包含一定的免费通话时间。

6 公园
公园漫步既惬意又放松,还能锻炼身体、了解泰国人如何度过休闲时光。兰比尼公园(见80页)位于曼谷市中心附近,面积很大,但早晚人多拥挤。在拉玛九世皇家公园(见90页)漫步,会更加悠闲自在,这里林荫小径条条,花园景色如画。

7 寺庙
除了主要的寺庙,比如玉佛寺(见8~11页)和卧佛寺(见14~15页),其他寺庙不收门票。这些寺庙通常都是艺术、建筑的宝库,住持和尚往往乐于同远道而来的游客谈天说地,因此,参观寺庙可以了解泰国文化习俗。

8 传统泰式按摩
假如你喜欢做水疗呵护身体每一寸肌肤,还不想花大把钞票;假如没有奢华环境、不能享用药草茶,也不能欣赏柔美音乐,你也不在意,那就可以接受传统泰式按摩。按摩两小时,收费不超过500铢,而且让你有种飘飘欲仙的感觉。

9 水上巴士
如果不跟随旅游团队探访昭披耶河的水景风情,就乘坐昭披耶快线,在任何一座码头,选择往北去暖武里的船只,看一看当地人划着舢板或者在河岸卖东西、做生意。坐船往返需要几个小时的时间,费用不超过65铢。

10 逛街
除非你是购物狂,否则逛街乐趣无穷。泰国人的一大消遣就是逛街。暹罗广场和拉察丹利路的购物中心是逛街的绝好去处;空调开放、舒适凉爽;美食天地价格便宜;娱乐活动丰富多样,可以看电影、打保龄、滑冰。

ATM机

公用电话亭

泰国邮票

TOP10 银行及通信

银行
1 多数银行在8:30am-3:30pm营业,而机场和商场的分理处营业时间稍长。大分理处有外汇兑换柜台和国际转账业务。
☎曼谷银行:西隆路333号·地图P5·(02)6455555·www.bangkokbank.com ☎泰国军人银行:帕欧里庭路3000号(3000 Phaholyothin Road)·地图N3·(02)299 1111·www.tmbbank.com

ATM机
2 在曼谷,ATM机随处可见。每家银行外面都有一台以上,加油站和百货商店也有。所有ATM机都可选择英语操作,主要的信用卡和借记卡都能使用,但收取服务费。

货币兑换
3 泰铢的兑换比率每天都有变化,但在银行兑换最划算。没必要带旅行支票。

信用卡
4 VISA卡、万事达卡、借记卡都可以在所有的主要银行、百货公司(收费很高)、旅行社、酒店、很多餐厅使用。大来卡、美国运通卡使用范围不是很广泛。

邮政
5 邮局的营业时间从周一到周五为8:30am-4:30pm,周六是9am至中午。邮寄或者收取欧美信件需一周或者更长时间。重要文件可通过特快专递(EMS)或者挂号信投寄,只不过需要多花点儿钱。

电话
6 公用电话有以下几种:投币或磁卡电话、国内或国际电话。电话卡在便利店有售。平常打电话,租部手机或者买个SIM卡会更方便。在酒店打电话非常贵。

拨打电话
7 泰国国家电话代码是66,曼谷的地区代码是02。在曼谷打电话,需在7位电话号码前加拨02。拨打国际长途,需先拨国际接入码001,然后再拨国家代码。往英国、美国和多数欧洲国家打电话,接打接入码008,话费稍低;拨打009可连接网络电话。从9pm到7am晚间优惠时段,可享受20%~30%的资费优惠。

上网
8 如今,在泰国,宽带无处不在,因此下载速度很快。网吧遍布曼谷,特别是在旅游景点和购物中心,比如考山路、暹罗广场、西隆路,平均每分钟1铢。很多酒店、旅馆也能上网,有时还免费为客人提供上网服务。用笔记本上网绝非易事,因为没有几家酒店在客房内设置网线,而且酒店上网费用高昂。

报纸
9 当地英文报纸有:《曼谷邮报》(*Bangkok Post*)和《民族报》(*The Nation*),内容涵盖国内外新闻、专栏文章,每日增刊列举各种活动。当天出版的外国报纸,比如英国《太阳报》和《今日美国》,也可以在一些书店买到,但价格很高。

电视、广播
10 观看泰国电视趣味无穷,不过外国人有语言理解障碍。很多酒店和一些旅馆设有卫星电视。有几家电台用英语广播,比如轻松调频(Eazy FM)和泰国广播(Radio Thailand)。

藤扇　　　药店招牌　　　旅游警察巡逻车

TOP 10 安全健康

1 紧急电话
全国没有统一的紧急电话，但如需紧急求助，可致电旅游警察，他们能讲英语，还会采取及时措施。报案的话，需要到警察局立案登记。旅游、购物投诉的话，与游客援助中心（Tourist Assistance Center）联系。

2 个人安全
尽管曼谷比较安全，但最好把现金放妥当，还要避免佩戴贵重珠宝。在恰恰怡周末市场（见22～23页）这样人多拥挤的地方，要小心扒手。

3 骗子
泰国人热情好客，有些人就利用这一特点向游客行骗。骗子包括嘟嘟车司机、珠宝商、个体导游。骗子诡计多端，所以要避免和那些异常友善的泰国人搭腔。

4 大使馆
如果碰巧遗失护照，或者与警察纠缠不清，就要与本国使馆联系。使馆可以补办护照，如有必要还提供法律帮助。中国大使馆：叻查达披色路57号（57 Rachada Pisake Road Kuay Kwang）·（020）245 7044；英国大使馆：无线电路14号（14 Wireless Road）·地图R3·（02）305 8333·www.britishembassy.gov.uk；美国大使馆：无线电路120/22·地图R4·（02）205 4000·www.bangkok.usembassy.gov

5 医院和诊所
泰国医院干净、高效，而且不贵，医生与患者比例很高。康民医院（Bumrungrad Hospital）和曼谷疗养院（Bangkok Nursing Home）医疗保健水平很高。当地诊所也很可靠，而且多数医护人员能用基本的英语交流，得了小病去那里即可。康民医院：素克威3巷·地图T5·（02）667 1000·曼谷疗养院：康文路9号·地图P5·（02）686 2700

6 药店
通常药品比较齐全，包括各种抗生素，无须处方就可购买。营业时间一般从早9点到晚6点，像西隆路和素克威路这种游客聚集的地方，有的药店营业时间延长到午夜。

7 牙医
曼谷医疗费用普遍不是很高，看牙病的费用也要比西方国家便宜很多。其实，凭这一点，就可以前往泰国旅游。多数牙医会讲英语，也很称职。牙科医院（Dental Hospital）：素克威49巷88/88（88/88 Sukhumvit Soi 49）·地图T6·（02）260 5000-15

8 温度和湿度
泰国炎热、潮湿，一定会让温带地区的游客大吃一惊。中午要避免在烈日下行走，最好戴顶帽子，抹上防晒霜，拿把扇子。多喝水以防脱水。

9 饮水
尽管泰国的自来水可以安全饮用，但瓶装水更安全，而且价格便宜，随处有售。餐厅里的冰块没有问题，不过最好不要喝路边摊加冰的饮料。

10 空气污染
空气污染由道路上的尘土和排出的废气导致，已经到了危险等级。如果对此过敏，要买口罩，还要避免乘坐敞篷的交通工具。

紧急电话
旅游警察：1155
游客援助中心：
（02）308 0934-5
www.touristassistancecenter.go.th

泰国国家旅游局推出的彩色旅游手册　　　　亚洲书店

实用信息

1 旅游资讯
泰国国家旅游局,为政府旅游机构,总部设在曼谷,办事处遍布世界各地。国家旅游局网站内容广泛,介绍旅游景点、节庆活动;办事处还提供地图和旅游手册。曼谷旅游局也提供实用旅游信息;在很多旅游景点设有服务亭。泰国国家旅游局:披布里塔迈路1600(1600 Phetburi Tat Mai Road)·地图T5·(02)250 5500·www.tourismthailand.org;曼谷旅游局:披阿迪路17/1(17/1 Phra Athit Road)·地图B2·(02)225 7612 - 4·www.bangkok-tourist.com

2 办公、营业、开放时间
多数政府机构办公时间从8:30am-4:30pm,但是多数会在中午12点到下午1点休息用午餐。旅游景点往往会从9am-5pm开放,关门前1小时停止售票。百货公司通常从10am到9pm或者10pm营业。节假日,政府部门、银行、邮局不办公,商店照常营业。

3 节假日
新年(1月1日)、万佛节(1月或2月)、查克利王朝纪念日(4月6日)、宋干节(4月13-15日)、劳动节(5月1日)、国王登基纪念日(5月5日)、佛诞节(5月/6月)、守夏节(7月)、王后生日暨母亲节(8月12日)、五世王朱拉隆功纪念日(10月23日)、国王生日、国庆日暨父亲节(12月5日)、宪法纪念日(12月10日)。

4 残疾游客
在曼谷,专为残疾游客提供的便利设施很少,只有一些高档酒店设有轮椅坡道等设施。街道路面坑洼不平,谁走在上面都觉得头疼,对残疾游客而言,简直如同噩梦。

5 同性恋游客
泰国人对同性恋的态度很宽容,所以曼谷对于同性恋游客来说魅力无限。有很多酒吧顾客基本上都是同性恋者。不过,在公众场合示爱通常会让人非常反感。

6 饮酒年龄
在泰国必须年满18岁才能购酒。多数夜总会不准20岁以下的人入内。这个规定执行得非常严格,所以不要忘记随身携带护照或者身份证。

7 网站
想了解酒店、餐厅、文化、节日信息,登录www.bangkok.com。想了解签证、工作许可证情况,登录www.thaivisa.com。

8 活动预告
即将举办的各项活动会在各种报纸、《BK杂志》和www.whatsonwhen.com网站上登出。至于体育赛事和音乐会门票,可登录www.thaiticketmaster.com。

9 书店
英语图书很常见,只是选择有限。亚洲书店(Asia Books)、图书杂志(Bookazine)、辛奥昆尼亚书店(Kinokuniya),图书种类繁多。恰都恰周末市场(见22~23页)1区和27区汇集了旧杂志和打折的艺术类图书。亚洲书店,(02)231 0016·www.asiabooks.com❸图书杂志,(02)715 9000·www.bookazine.co.th 辛奥昆尼亚书店,(02)610 9500·www.kinokuniya.com

10 佛历纪年
泰国在银行业和商业贸易领域,采用西元纪年,而在其他方面采用佛历纪年。佛历元年是公元前543年,释迦牟尼圆寂之年。公元2009年,是泰国佛历2552年。

玉佛寺的图示　　位于繁华街道两侧的酒吧

TOP10 注意事项

1 对王室不敬
泰国人爱戴王室，对国王、王后及其子女尊崇备至。虽然他们一般都能容忍外国人打破文化禁忌，但却无法容忍外国人对君主统治表示不敬不尊。比如电影院里播放国歌，不起立表示关注，这在西方国家可能微不足道。

2 穿着随意参观寺庙
参观泰国寺庙，不要穿短裤或者无袖上装。参观玉佛寺也不要穿凉鞋、拖鞋。如穿着不妥，需要租用衣服和鞋子，否则就会被拒之门外。

3 发脾气
如对泰国人的服务不满意，最糟糕的就是提高嗓门发脾气。要保持冷静，采取策略来达到目的。

4 私藏、买卖毒品
一旦因私藏或者买卖毒品而被抓到，就很可能面临数年监禁。警察时常突击检查夜总会、酒吧，甚至旅馆，不仅仔细搜查，还会取尿样确定吸毒者。

5 不讲好价就乘坐嘟嘟车
如乘坐嘟嘟车出行，要在上车前讲好价，否则就会挨宰多掏钱。嘟嘟车司机向乘客索要高价，声名狼藉。为避免此类事情发生，提前问一问旅馆或者酒店工作人员，到目的地的车费大概是多少。

6 帕蓬路楼上酒吧
虽然帕蓬路上的色情酒吧一般都诚信经营，不过很多楼上酒吧有各种赤裸裸的色情表演，收费价格一概不明示。几杯酒下肚，账单拿来，简直就是勒索，不付清，就别想离开。最简便的解决办法就是不要上楼。

7 街头骗子
在曼谷的游客聚集地，泰国人可能会如友ండ 行照顾你，之后就会提出带你去商店购买珠宝或者纪念品，强迫你买东西，他从中提回扣。一定要小心这种"热心肠"。

8 购买珠宝
在泰国，向外国人兜售假珠宝或者劣质珠宝是尽人皆知的把戏；不过骗子骗术高超，每天都有游客上当。除非你是鉴别珠宝的行家，否则不要听信他们的花言巧语。

9 签证过期
游客来到泰国，实际游玩时间可能会比原计划长。只需去移民局办理签证延期即可，否则就要每天缴纳500铢罚款。移民局：苏安普萨通巷507（507 Soi Suan Plu Sathorn）·地图Q6·（02）287 3101-10·www.immigration.go.th

10 无保护措施的性行为
在提高预防艾滋病意识上，泰国取得的进步有目共睹，但是卖淫活动非常普遍，如不采取保护措施，感染艾滋病病毒的风险依然存在。避孕套很便宜而且很多地方有售。

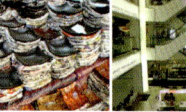

销售的古董　　　　　　　　　恰都恰周末市场　　　暹罗探索中心

TOP 10 购物提示

1 信用卡和借记卡
所有大型商场和精品店都可使用VISA卡和万事达卡，但是有些商店会收取附加费，为消费金额的5%。在街边摊店和市场购物，需支付现金。

2 购物中心和百货公司
位于暹罗广场、西隆路和素克威路的大型超现代购物中心犹如座座小城，里面有百货公司、美食天地、保龄球馆、精品店和溜冰场。

3 市场和街边摊店
到市场和街边摊店买东西，不仅有机会与当地人交流，还能讨价还价。恰都恰周末市场、帕乌拉市场和帕图南市场（见38页）是购买织物和成衣的最佳去处，选购纪念品最好到考山路、帕蓬路和素克威路的街边摊店。

4 冒牌货
泰国人在制假方面技艺超群，从名牌手表到名牌服装，再到CD光盘，与正品相比，成本极低。因为侵权，所以警察时常突击检查，把商贩吓得四处逃窜。海关官员有权没收假货，若被没收，就只能空手回到家中了。

5 讨价还价
购物中心和精品店的价格是固定的，而在市场和街边摊店可以讨价还价，因为小贩开出的价格会比货品价值高出两倍。你不开始给出的价格要比准备购买的价格低一些，然后慢慢往上加，直到成交。如果不行，就离开，这样的话，摊贩可能就会降价。

6 古董
泰国是东南亚古董的主要销售地。可惜，很多古董都是从缅甸和柬埔寨的寺庙里盗出来的。偶尔也有一些仿制品冒充真品。如果购买了真古董或者佛像，需要在艺术部（Fine Arts Department）办理出口许可证。卖家应该会协助办理，不过整个过程需要几天的时间。

7 工艺品
泰国手工艺品是非常好的礼品和纪念品。在曼谷很多地方均能买到，比如恰都恰周末市场、纳拉亚班商城（见39页）。出售的工艺品有丝质、棉质服装和包、篮子、漆器、银器、墙壁挂件、木雕。

8 珠宝玉器
泰国金银首饰不仅漂亮而且上乘。半岛购物广场虽然面积不大，但是档次高，有多家珠宝店。泰国还以宝石，特别是红宝石和蓝宝石而著称。但要小心珠宝骗子（见109页）。◎半岛购物广场：拉察丹利路153号（153 Ratchadamri Road）·地图Q3·（02）253 9791·每天10am–8pm营业

9 手工制作服装
布料和手工都很便宜，对西方人非常有吸引力。不过价廉可能就意味着质劣。要去口碑好的裁缝店，比如使馆时装屋（Embassy Fashion House）。他们可以仿照成衣或者你心仪图片上的款式，量体裁衣。◎使馆时装屋：无线电路57/6-7（57/6-7 Wireless Road）·地图R3·（02）251 2620

10 包装和运送
很多商店提供包装和运送服务。邮局也提供高效包装服务。

香格里拉饭店的安吉利尼餐厅　　艾布里克度假村（Ibrik Resort）

TOP10 住宿、餐饮提示

1 酒店预订
最好在出游前预订酒店房间，特别是人们评价很高、你又希望下榻的酒店，尤其在旅游旺季（11月至次年2月），或者重要节日期间，更需提前预订。不过，为数不多的廉价酒店和旅馆接受提前预订；多数是谁先来谁先入住。

2 季节性房价
凉季（12月至次年2月）很多酒店爆满，房价达到最高。其他时间，特别是打算连续住上几晚，可以询问打折情况。有些廉价酒店和旅馆的月房价非常具有竞争力。

3 高级酒店
住曼谷五星级酒店的费用与欧美中档酒店相当，根本不贵。所以，可以考虑宽敞的高档房，有豪华的家具装饰、各式餐厅酒吧，还可以观美景，服务更是细致入微。（见112~113页）

4 中档酒店
提供一切基础设施，比如房间带空调、电视，浴室有热水，虽然比较舒适，但缺少高档酒店的奢华特质和高雅氛围。处在中档价位的还有精品店，其数量迅速增加，还提供连高级酒店都没有的更加个性化的服务。

5 廉价旅馆
因为生活费用低廉，曼谷吸引了大批游客前往"背包族"聚居区考山路。廉价旅馆房间一般比较狭小，没有窗户，只有一张床，一台电扇，墙壁不隔音，需共用卫生间。

6 就餐时间
在曼谷，一天当中任何时间都可就餐。多数泰国人会按时吃早、中、晚三餐，但是吃的并不多，所以他们常常一天到晚吃零食。多数泰餐营养均衡，所以不用担心长胖。

7 就餐地点
可以去豪华餐厅、到街边摊或者其他介于两者之间的饭馆就餐。只有少数餐厅价格昂贵，曼谷很多美食是在街边摊发掘的，所以要勇于尝试。

8 泰餐的吃法
泰餐使用勺和叉。用叉把米饭和其他食物推到勺中，然后用勺把食物送到嘴里。因为泰餐中的肉和蔬菜都已经切成很小的片或块，所以用不着餐刀。多数面条类的食物使用筷子和汤勺。如果几个人一起用餐，每次从菜盘里盛一勺放在自己的盘子里拌着米饭吃，然后再吃再盛。

9 穿着
泰国人外出就餐，穿着随心所欲。不过只有少数餐厅例外，他们要求客人穿着"优雅、时尚休闲"，从而强化豪华感。这就意味着穿拖鞋、短裤、无袖衫会被拒之门外，不过老顾客也不用穿夹克或者系领带。

10 小费
泰国人曾经对"小费"颇为陌生，不过这一概念已经被餐厅服务员欣然接受，特别是在旅游区。西方人奉行的消费总额"10%小费"标准，在曼谷并不适用。根据服务质量，可酌予小费，给多少餐厅服务员都很感激。

登录travelдк.com推荐你钟爱的餐厅

四季酒店

东方文华酒店

皇家兰花希尔顿酒店

TOP10 豪华酒店

1 东方文华酒店（Oriental Hotel）

历史悠久，100多年以来，曾接待过多位声名显赫的客人。因设施完备豪华，景色如诗如画，服务人性一流而经常被评为世界最佳下榻酒店之一。◎东方大道48号（48 Oriental Avenue）·地图M5·（02）659 9000·www.mandarinoriental.com/bangkok·BBBBB

2 四季酒店（Four Seasons Hotel）

客房奢华，服务无可挑剔，餐厅精致，是曼谷最好的酒店之一。而且地理位置优越，可以看到曼谷皇家体育俱乐部的大片绿地。◎拉察丹利路155号（155 Ratchadamri Road）·地图Q3·（02）250 1000·www.fourseasons.com·BBBBB

3 素可泰酒店（Sukhothai Hotel）

传统的泰国建筑融合现代的便利设施。绿意浓浓的花园、池塘环抱酒店，客房豪华，三间餐厅各具特色，还有一座泳池水露台咖啡厅。◎南萨通路13/3（13/3 South Sathorn Road）·地图Q5·（02）344 8888·www.sukhothaihotel.com·BBBBB

4 康拉酒店（Conrad Hotel）

现代泰国设计风格，采用了大量丝织品和木制品。可以欣赏到兰比尼公园（见80页）美景。位于曼谷中心区，拥有曼谷最好的餐厅、酒吧。◎威泰育路四季广场（All Seasons Place, Withayu Road）·地图R4·（02）690 9999·www.conradhotels.com·BBBBB

5 玉万豪度假酒店及水疗中心（Marriotte Resort and Spa）

位于昭披耶河西岸，位置优越，占地面积很大，有高档水疗中心，迷你购物中心、多间餐厅、异域风情游泳池。每间客房拥有私属阳台。◎吞武里察伦耶昆路257号（257 Charoen Naskhon Road, Thonburi）·地图S6·（02）476 0022·www.marriotte.com/hotels/travel/bkkth-bangkok-marriott-resort-and-spa·BBBBB

6 大都会酒店（Metropolitan Hotel）

曼谷最摩登的酒店，以设计简约、泰丝装饰为特色。内有两间高级餐厅：思安（见93页）、歌罗（Glow）、一间会员制酒吧（Met Bar），吸引了很多曼谷顶尖设计师。◎南通路27号（27 South Sathorn Road）·地图Q5·（02）625 3333·www.metropolitan.como.bz·BBBBB

7 皇家兰花希尔顿酒店（Royal Orchid Sheraton）

酒店高28层，有游泳池、网球场、健身中心、水疗馆、河岸酒吧闲适，餐厅提供泰国宫廷菜和意大利菜品。◎上耐丛林路2号（2 Captain Bush Lane）·地图M4·（02）2660123·www.starwoodhotels.com/sheraton/bankok·BBBBB

8 半岛酒店（The Peninsula Hotel）

波浪形设计，客房宽敞、能欣赏到昭披耶河和曼谷城市美景，正因如此，酒店曾屡获殊荣。有一座三层泳池，餐厅融会环太平洋美食、泰餐和粤菜。◎察伦那昆路333号（333 Charoen Naskhon Road）·地图L6·（02）861 2888·www.bangkok.peninsula.com·BBBBB

9 香格里拉饭店（Shangri-La Hotel）

拥有800间客房，是曼谷最大的豪华酒店。有多间餐厅和酒吧、卓尔不凡的"气、水疗中心"（见56页）、健身中心、泳池、网球场和壁球馆。◎察伦桑普鲁寺巷89号（89 Soi Wat Suan Phlu, Charoen Krung Road）·地图M6·（02）236 7777·www.shangri-La.com·BBBBB

10 四面佛凯悦大酒店（Grand Hyatt Erewan Bangkok）

酒店入口恢弘，高耸的圆柱一直通向客房。客房有落地大窗、大理石浴室、时尚家具。花园大堂的餐厅提供美味佳酿。◎拉察丹利路494号（494 Ratchadamri Road）·地图Q3·（02）254 1234·www.bangkok.hyatt.com·BBBBB

除非另有说明，以上酒店都可以刷信用卡，卧室均带卫生间，有空调设施

希尔顿大酒店

价位表	
价格包含双人标间每晚房价（如提供含早餐）、税金和其他收费	B 500泰铢以内 BB 500–1000泰铢 BBB 1000–2000泰铢 BBBB 2000–4000泰铢 BBBBB 4000泰铢以上

TOP 10 商务酒店

1 洲际酒店（Inter Continental Hotel）

耸立在奇隆（Chit Lom）商务区，共37层，是商务人士下榻的完美酒店。客房宽敞，透过双层隔音窗户，将美景尽收眼底。每间客房都安装有高速网线。⊙普隆奇路973号·地图Q2·（02）656 0444·www.intercontinental.com·BBBBB

2 国家大厦莲花大酒店（Lebua at State Tower）

这座高耸金顶的摩天大楼已经成为曼谷最新的标志之一。曼谷两大顶级餐厅，"热风"和"微风"（见85页），以及绝妙的"天空吧"（见86页）就坐落在此。⊙西隆路1055号·地图M6·（02）624 9999·www.lebua.com·BBBBB

3 悦榕酒店（Banyan Tree Hotel）

设计理念充满闲适感，悦榕水疗中心（见56页）是曼谷最高级的水疗中心之一，就坐落在这座"瘦长"的摩天楼里。"眩晕餐厅"（Vertigo Restaurant），之名称恰如其分，位于61层。⊙南萨通路21/100泰瓦大厦II期（Thai Wah II Building, 21/100 South Sathorn Road）·地图Q5·（02）679 1200·www.banyantree.com·BBBBB

4 杜喜泰尼酒店（Dusit Thani Hotel）

曼谷最大、历史最悠久的酒店之一，地理位置优越，恰好在兰比尼公园（见80页）对面。客房陈设着柚木家具，并以泰丝为装饰。⊙拉玛四世路946号·地图Q5·（02）236 9999·www.bangkok.dusit.com·BBBBB

5 泛太平洋酒店（Pan Pacific Hotel）

位于市中心，酒店外街市喧嚣，酒店内温馨静谧。餐厅提供泰餐、日本料理、中餐和西餐。⊙拉玛四世路952号·地图Q5·（02）632 9000·www.panpacific.com·BBBBB

6 希尔顿大酒店（Sheraton Grande Hotel）

曼谷最好的商务酒店之一，配套设施先进，气氛典雅。该酒店提供24小时服务，步行桥与轻轨阿素克站（Skytrain Asoke Station）相连。⊙素克威路250号·地图T6·（02）649 8888·www.sheratongrandesukhumvit.com·BBBBB

7 威斯汀素克威大酒店（Westin Grande Sukhumvit Hotel）

客房专为商业人士设计，设施齐备；配有松软睡床，纯平电视机。从瓦莉那水疗中心和地平线天空休息室可以欣赏酒店全景。⊙素克威路259号·地图T6·（02）207 8000·www.westin.com/bangkok·BBBBB

8 玛杰斯特素克威大酒店（Majestic Grande Sukhumvit Hotel）

酒店豪华，地理位置便利，设施齐全，特别适合商务人士，客房内有宽大办公桌，商务中心提供翻译服务。⊙素克威2巷12号·地图R3·（02）2622999·www.majesticgrande.com·BBBBB

9 千禧希尔顿酒店（Millennium Hilton Hotel）

设计豪华，高32层，超级摩登，可以欣赏到昭披耶河美景。餐厅多种多样，10间会议厅时尚而沉稳，大堂富丽，顶层还有旋转酒吧。⊙察伦那空路123号（123 Charoennakorn Road）·地图L5·（02）442 2000·www.hilton.co.uk/bangkok·BBBBB

10 曼谷诺富特酒店（Novotel Bangkok）

共400间客房，应有尽有，从超大睡床到高速网线，再到免费咖啡机、沏茶器。曼谷热门娱乐场所"概念平方厘米"（见87页）就坐落在这里。⊙暹罗广场6巷·地图P2·（02）209 8888·www.novotelbkk.com·BBBBB

登录traveldk.com推荐你钟爱的酒店

暹罗&暹罗酒店　　　　　　　西隆222酒店　　艾布里克度假村

TOP10 精品酒店

1 利士酒店（Luxx Hotel）
外观简约，既有套房又有精巧房，对年轻、时尚一族颇有吸引力，距西隆仅几步之遥，地理位置很便利。❸德阔路6/11（6/11 Decho Road）·地图N5·（02）635 8800·www.staywithluxx.com·BBBB

2 暹罗&暹罗酒店（Siam & Siam）
这家新潮时尚的酒店、水疗中心位于暹罗广场附近，位置卓越。客房弥漫着艺术品位，屋顶很高，外观窗明亮宽敞，配备高速网线。还有商务中心、健身房和水疗馆。❸拉玛一世路865号·地图N2·（02）217 3000·www.siamatsiam.com·BBBB

3 上海酒店（Shanghai Inn）
坐落在中国城的中心，时髦而独树一帜；有50多间小巧客房，色彩明快，放置着四柱架子床，还有些房间没有窗。酒店内有一家餐厅，并配备按摩/水疗中心，提供嘟嘟车接送客人服务，为客人安排观光购物行程。❸耀华力路479-81·地图L3·（02）221 2121·www.shanghai-inn.com·BBBB

4 茂林时尚公寓酒店（Moeleng Boutique Residence）
虽然位于拥挤的帕图南（Pratunam）区，但酒店被一座带小瀑布的有机花园环抱。客房色调柔和，家具结实舒适，还能欣赏到花园丽景。❸拉卡伯罗路拉卡达般巷21/1（21/1 Soi Ratchataphan, Ratchaparop Road）·地图T5·（02）642 4646·www.moeleng.net·BB

5 暹罗传统酒店（Siam Heritage）
客房装饰、陈设颇有泰国北部和中部风格；光洁的木质地板、古典式样的家具。内有商务中心、水疗馆和露台餐厅。❸素拉温路115/1·地图P5·（02）353 6101·www.thesiamheritage.com·BBBBB

6 西隆泰祥酒店（Silom Serene）
酒店不大，与西隆中心区近在咫尺。客房装修华丽，既有紧凑豪华标间也有宽敞舒适套房，客人备受尊崇。泳池和按摩浴缸令人心驰，商务中心时尚，餐厅提供西餐和泰餐。❸西隆路披帕巷7号（7 Soi Pipat, Silom Road）·地图P5·（02）636 6599·www.silom-serene.com·BBBB

7 西隆222酒店（Triple Two Silom）
大理石地面、编织地毯、老照片都为酒店营造了一种家的氛围。内有商务中心和餐厅。❸西隆222号·地图N5·（02）627 2222·www.tripletwosilom.com·BBBBB

8 尤金妮亚酒店（The Eugenia）
位于一座19世纪的殖民地风格建筑内，非常古朴。客房内摆放着早期家具、四柱架子床，还安装着古董浴缸和百叶窗。酒店备有几辆老爷车供客人租用。❸素克威31巷267号·地图T6·（02）258 9017-9·www.theeugenia.com·BBBBB

9 黎明公寓酒店（Arun Residence）
位于昭披耶河畔，对岸就是黎明寺，还可以看到卧佛寺，非常优雅、写意。❸玛哈拉路帕图诺昆巷36-8（36-8 Soi Pratu Nokyung, Maharat Road）·地图C3·（02）258 5403·www.arunresidence.com·BBBB

10 艾布里克度假村（Ibrik Resort）
世界上最小的度假胜地，位于昭披耶河畔，景色醉人，仅有三间客房，温馨而清新。❸阿露耶玛林路拉康巷256号（256 Soi Wat Rakhang, Arunamarin Road）·地图B3·（02）848 9220·www.ibrikresort.com·BBBB

除非另有说明，以上酒店都可以刷信用卡，卧室均带卫生间，有空调设施

华尔街酒店

价位表
价格包含双人间每晚房价（如提供含早餐）、税金和其他收费

B 500泰铢以内
BB 500~1000泰铢
BBB 1000~2000泰铢
BBBB 2000~4000泰铢
BBBBB 4000泰铢以上

中档酒店

1 王子宫殿酒店（Prince Palace Hotel）
因拉玛五世（见34页）的儿子曾在此下榻而得名。房间陈设富有传统风情，装修精致。坐落在老城区附近，有泳池和健身中心。丹隆拉路博贝大厦488/800（488/800 Bo Bae Tower, Damrongrak Road）·地图F3·（02）628 1111·www.princepalace.co.th·BBBB

2 碧曼酒店（Bhiman Inn）
酒店不大，很时髦，位于市中心背包族常光顾的地区。客房设施比较齐备，还有小泳池和厨房，提供国际风味和泰国风味菜肴。披素门路55号·地图C2·（02）282 6171-5·www.bhimaninn.com·BBB

3 玛诺拉酒店（Manohra Hotel）
位于市中心，客房舒适，还不贵，配有空调、卫星电视、迷你酒吧；网上预订更优惠。酒店还有健身房、按摩中心和室内泳池。素拉温路412号·地图M5·（02）234 5070-88·www.manohrahotel.com·BBB

4 广场酒店（Plaza Hotel）
酒店位于繁华的西隆商业区中心，住宿超值。有游泳池、商务中心、儿童乐场，客房设施现代。素拉温路178号·地图N5·（02）235 1760-8·BBB

5 西隆乡村酒店（Silom Village Inn）
建在曼谷市中心最著名的夜店区，营造出泰国传统的乡村气息。酒店不大，既有豪华房也有标准间，价格都能承受。每晚在毗连的娱乐厅（见44页）举办文化表演。西隆路286号（286 Silom Road）·地图N5·（02）234 4448·www.silomvillage.co.th/Inn.htm·BBB

6 吉姆旅社（Jim's Lodge）
毗邻多家主要大使馆和购物中心，既有标准间也有豪华套房。服务周到快捷，还可享用餐厅美食和楼顶按摩浴。普隆奇路鲁玛鲁蒂巷125/7·地图R3·（02）255 3100·www.jimslodge.com·BBB

7 华尔街酒店（Wall Street Inn）
客房装修很时髦，有舒适卧床、卫星电视、浴缸。酒店有商务中心、咖啡厅，按摩中心提供传统按摩和足底按摩。素拉温路37/20-24·地图P5·（02）233 4144·www.wallstreetinnhotel.com·BBB

8 国宾大酒店（Ambassador Hotel）
曼谷最知名的酒店之一，坐落在素克威路，地理位置优越。配套服务应有尽有：裁缝店、礼品店、商务中心、洗衣店、美容院。酒店如同小镇。素克威11巷171号·地图T6·（02）254 0444·www.amtel.co.th·BBB

9 联邦酒店（Federal Hotel）
坐落在静谧的院落内，客房价格优惠。游泳池和咖啡厅（24小时营业）为酒店增添了更多吸引力。素克威11巷27号·地图T6·（02）253 0175·www.federalbangkok.com·BBB

10 亚特兰大酒店（Atlanta Hotel）
经典的20世纪50年代酒店，据称是展现泰国文化旅游的堡垒。餐厅颇为高雅，还有两座泳池——成人泳池和儿童泳池。素克威2巷78号·地图T6·（02）252 6069·www.theatlantahotelbangkok.com·BBB

登录traveldk.com推荐你钟爱的酒店

素客11旅社　温迪旅馆　　　　　　　　　　　　　　　　　一流旅馆

廉价旅馆 TOP10

1 素客11旅社（Suk 11）
地理位置绝佳，设计奇异，是目前曼谷最超值的旅社之一，深受游客青睐，所以需要至少提前3天预订。房间狭小而简朴，但都配有空调。☎萨克威11巷1/33·地图T5·（02）253 5927·www.suk11.com·B

2 查理旅馆（Charlie House）
自称为"五星客栈"，服务对象是单独的、喜欢优雅居住条件和温馨氛围的游客。客房虽小，但铺着地毯，家具很有品位，服务员笑容可掬。☎萨班库巷1034/36-37·地图R5·（02）679 8330-31·www.charliehousethailand.com·BB

3 曼谷城市套房（Bangkok City Suite）
共8层，客房均配有舒适卧床、卫星电视、空调。旅馆还有一间雅致餐厅；可高速无线上网。步行15分钟，即可到达最近的车站。☎披布里路1号·地图G3·（02）613 7277·www.bangkoksuite.com·BB

4 一流旅馆（A-One Inn）
隐藏在购物天堂——暹罗广场的一个角落里，是一家比较好的旅馆，客房简朴而洁净。服务员很友善，还配有网线，离轻轨国家体育场站仅几步之遥。☎拉玛一世路卡瑟萨1巷25/13（25/13 Soi Kasemsan 1, Rama I Road）·地图P2·（02）215 3029·www.aoneinn.com·BB

5 温迪旅馆（Wendy House）
暹罗广场又一家便宜的住处，服务员热情友好。小小的客房里有咖啡机和沏茶机、小冰箱，收拾得一尘不染。房费含早餐。☎拉玛一世路卡瑟萨1巷36/2·地图P2·（02）214 1149·www.wendyguesthouse.com·BB

6 班华蓝蓬（Baan Hualampong）
有单人间、双人间和多人间，房价很便宜。有共用的卫生间、厨房、网线和公共的休息区域。☎拉玛四世路察隆昆巷336/20（336/20 Soi Chalong Krung, Rama Ⅳ Road）·地图M4·（02）639 8054·www.baanhualampong.com·BB

7 新帝国旅馆（New Empire Hotel）
客房时髦，铺着地毯，有空调、卫星电视、卫生间有热水，房价合理。高层客房可以欣赏到河景。☎耀华力路572号·地图D5（02）234 6990-96·www.newempirehotel.com·BB

8 河景客栈（Riverview Guesthouse）
位于三召森空寺（San Jao Sien Khong）旁的后街小巷，既便宜又实用，高层客房还能欣赏到昭拍耶河美景。☎松瓦路768号（768 Songwad Road）·地图L4·（02）235 8501·B

9 莎拉泰每日客栈（Sala Thai Daily Mansion）
位于蜿蜒曲折的小巷尽头，房间狭小、整洁，有共用卫生间和公共闲坐区域。服务员很友善，但是不接待深度前来的访客。房价非常便宜，所以很多客人都是按月租住。☎萨班库巷15号·地图R6·（02）287 1436·B

10 林地旅馆（Woodlands Inn）
毗邻服务的邮局。房间不大但很洁净，有空调、卫星电视，卫生间有热水。服务员很热心，一层有一家不错的印度餐厅。☎察伦昆32巷1158/5-7·地图M5·（02）235 3894·www.woodlandsinn.org·BB

廉价旅馆基本上不能刷信用卡，而且没有空调

D&D旅馆图　　巴迪宾馆

价位表	
一餐价格，其中含一至两道菜、一份软饮、服务费	B　500泰铢以内 BB　500~1000泰铢 BBB　1000~2000泰铢 BBBB　2000~4000泰铢 BBBBB　4000泰铢以上

TOP10 考山路住所

1 巴迪宾馆（Buddy Lodge）
宾馆中的精品，是背包族在考山路上的飞地。尽管房价很高，但深受欢迎。客房时髦、地面光洁，有阳台，高层房间更安静。还有楼顶池塘，水疗价格优惠，对普通游客很有诱惑力。◎考山路265号·地图C3·（02）629 4477·www.buddylodge.com·BBBB

2 D&D旅馆（D&D Inn）
旅馆舒适，客房虽小，但配备基本设施，并且装设网线；有楼顶池塘、美容院、游泳池等。是结交朋友的好地方。◎考山路68-70号·地图C3·（02）629 0526·www.khaosanby.com·BB

3 温泰酒店（Viengtai Hotel）
有多种房间选择，价格不等。虽然房价并不便宜，但是房间比较宽敞、舒适。还有泳池、餐厅和会议室。◎兰布迪巷42号（42 Soi Ram Buttri）·地图C3·（02）280 5434-45·www.viengtai.co.th·BBBB

4 蓝普客栈（Lamphu House）
是一家考山路上典型的小旅馆，房间分为两种，一种没窗、带电扇、共用洗澡间；另一种带空调，独立卫浴，有阳台能欣赏到花园景色。◎蓝布迪巷75号·地图C3·（02）629 5861-2·www.lamphuhouse.com·B

5 新暹罗2号（New Siam 2）
毗邻昭披耶河岸，安静私密，很摩登，还不贵。房间设施比较齐备，还有保险箱和独立卫浴，不过空调另收费。旅馆还有一座小泳池。◎超荣美50号（50 Trok Rong Mai）·地图C2·（02）282 2795·www.newsiam.net·BB

6 老曼谷酒店（Old Bangkok Inn）
酒店内禁止吸烟，自称为"精品酒店"，有五种房间，以植物花卉命名。每种房间都陈设着柚木家具、DVD机、与网络连接的电脑。房间大小不同，装饰各异。◎披素门路609号·地图D3·（02）629 1785·www.oldbangkokinn.com·BBBB

7 善迪旅馆（Shanti Lodge）
自称为"背包族的绿洲"，这种说法倒还贴切，因为旅馆位置僻静，气氛融洽，价格合理。只是部分房间有空调、带卫浴。◎诗阿育塔雅16巷37号（37 Sri Ayutthaya Soi 16）·地图D1·（02）281 2947·www.shantilodge.com·B

8 新世界饭店（New World Lodge Hotel）
房间刚装修过，比较宽敞，有空调，带独立卫浴，还有冰箱和阳台。饭店还有餐厅、健身房、按摩服务、网线、洗衣店和照看儿童服务。◎山姆森路2巷（Samsen Road Soi 2）·地图C2·（02）281 2497·www.newworldlodge.com·BBB

9 萨瓦斯蒂曼鲁普酒店（Sawasdee Banglumpoo Inn）
萨瓦斯蒂家7家连锁酒店之一，客房比较小，有基本家具、独立卫浴、空调、卫星电视、网线，还有一家餐厅。网上预订有折扣优惠。◎考山路162号·地图C3·（02）282 3748·www.sawasdee-hotels.com·BB

10 兰布迪村旅馆（Rambuttri Village Inn）
客房简朴整洁，有空调和独立卫浴。楼顶有池塘。◎兰布迪巷95号·地图C3·（02）282 9162·www.khaosan-hotels.com·BB

致谢

作者

荣·埃蒙斯,英国作家和摄影家,长期在泰国生活,其作品包括"TOP10 全球魅力城市旅游丛书"《马来西亚》和《新加坡》,其作品刊登在各种国际刊物和指南上。

主摄影师:亚历山大·罗宾逊
其他摄影师:菲利普·布莱肯苏;斯图亚特·伊瑟特
核实:契斯·芒迪

DK印度
编辑主任:Aruna Ghose
设计经理:Priyanka Thakur
项目编辑:Souvik Mukherjee
项目设计:Mathew Kurien; Stuti Tiwari Bhatia
资深制图:Suresh Kumar
制图:Jasneet Kaur Arora
插图:Arun Pottirayil
资深图片搜集:Taiyaba Khatoon
图片搜集:Sumita Khatwani
图片搜集助理:Shweta Andrews
索引&校对:Pooja Kumari
资深桌面排版设计:Vinod Harish

DK伦敦
出版人:Douglas Amrine
目录经理:Christine Stroyan
编辑:Ros Walford
设计经理:Mabel Chan
资深设计:Paul Jackson
资深制图编辑:Casper Morris
图片搜集:Ellen Root
桌面排版设计:Natasha Lu
DK图片库:Romaine Werblow
制作:Inderjit Bhullar

图片名录

以下个人和单位对拍摄本书图片给予了大力协助,在此出版方深表谢意:

Orathai Koonkitti at Ananda Spa, President Solitaire; Angelini Restaurant at Shangri-La Hotel; Bangkok's Children Discovery Museum; Bangkok Dolls Museum; Bangkok Planetaruim; Suchana Sasivongbhakdi and Hannah Cadwallader at Banyan Tree Spa; The Barbican; The Black Swan Pub; The Brown Sugar; Buddy Lodge Hotel; The Bull's Head Pub; Cabbages and Condoms; Calypso Cabaret; Cheap Charlie's; Sureerat Sudpairak at Cy'an, The Metropolitan; D&D Inn; Deep Club; Divana Spa; Dream World; Dusit Park; Maria Kuhn and Mayen Fok at Four Seasons Hotel; The Grand Palace and Wat Phra Kaeo; Gulliver's Traveler's Tavern; The Hard Rock Café; Ibrik Resort; Irish X-Change; Jamjuree Art Gallery; Supicha at The Jim Thompson House; Joe Louis Puppet Theatre; Le Lys Restaurant; Le Normandie at The Oriental; The Londoner Brew Pub; Lucifer Disko; M R Kukrit's Heritage Home; May Kaidee; Molly Malone's Irish Pub; Sompoj Sukaboon at The National Gallery; Mr. Disapong and Jarunee Incherdchai at The National Museum; National Theatre; Noriega's Bar; The Oriental Hotel; The Oriental Spa at The Oriental Hotel; Patravadi Theatre; Prasart Museum; Q Bar; Riverside Terrace; The Royal Barge National Museum; Royal Orchid Sheraton Hotel & Towers; Samutprakarn Crocodile Farm &

Zoo; Saxophone Pub; Sheraton Grande Sukhumvit Hotel; Siam Discovery Center; Siam Niramit Ratchada Theatre; Siam Paragon; Siam & Siam Design Hotel & Spa; Siriraj Hospital Museum; The Spa by Mspa at The Four Seasons Hotel; Chamnong Klinthep, M.R.Sukhumbhand, Paribatra Pennapa Paisarnsupnimit at The Suan Pakkad Palace Museum; Suk 11; Tapas Café Spanish Bar and Restaurant; Triple Two Silom; Wall Street Inn Bangkok; Wendy House Hotel; Witch's Tavern.

Placement Key: tr–top right; cla–center left above; ca–center above; cra–center right above; cl–center left; c–center; cr–center right; clb–center left below; bc–bottom center; br–bottom right; ftr–far top right.

Every effort has been made to trace the copyright holders, and we apologize in advance for any unintentional omissions. We would be pleased to insert the appropriate acknowledgments in any sub-sequent edition of this publication.

The publisher would like to thank the following individuals, companies, and picture libraries for their kind permission to reproduce their photographs:

ALAMY: Muay Thai Stock Photography-Alan Howden 54cl; Pat Behnke 55clb; G.P Bowater 50–51; William Casey 96cr; Tim Graham 88tl; Jon Arnold Images Ltd 48tl; Hideo Kurihara 32–33; Mary Evans Picture Library 34tr; Melba Photo Agency 49cla; Dave Stamboulis 54tr; Steve Allen Travel Photography 14–15c; Topcris 59cla; Mireille Vautier 49tr; ALINARI ARCHIVES: Fratelli Alinari Museum of the History of Photography, Florence 34tl; CORBIS: Bettmann 35br, 35tl, 35tr; Michael Freeman 29cra, 88cl; Hulton-Deutsch Collection 34cra; Kevin R. Morris 8–9c; Paul Souders 54tl; Luca I. Tettoni 9bc, 31br; Zefa/ José Fuste Raga 26tr; MASTERFILE 20–21c; Greg Stott 16–17c; PHOTOLIBRARY: Jtb Photo Communications Inc 16br; REUTERS: Claro Cortes 48cl; Chaiwat Subprasom 48tr, 55tr.

All other images are © Dorling Kindersley. For further information see www.dkimages.com.

特别版DK旅游指南丛书系列

您若购入大量DK旅游指南丛书，可享受折扣价格。我们同时也可提供特殊版本和个性化书套，竭诚与其他出版者合作，允许选购系列中的丛书，为您量身打造以满足您的特殊需要。

欲知详情，请联系：

（美国）SpecialSales@dk.com
（英国）Sarah.Burgess@dk.com
（加拿大）DK特殊销售在general@tourmaline.ca
（澳大利亚）business.development@pearson.com.au